Impressum:
1. Auflage 1994

Umschlaggestaltung: Marianne Uhl
Textgestaltung: Hanne Grym/Andrea Moser
Satz + Produktion: digitaltype - Heimdruck
Frotscher Druck GmbH
ISBN: 3-930255-12-X
Printed in Germany

Inhaltsverzeichnis

Vorwort

Der Autorin Marianne Uhl ist es mit diesem Buch gelungen, einen Wegweiser durch den Dschungel des Alltags zu verfassen.

Einen Leitfaden, der Sie zu einem harmonischen Sein in Verbundenheit mit der Schöpfung und zu einem bewußten Leben in und mit der Natur führen kann, wenn Sie es zulassen.

Vertrauen Sie der Führung von Marianne Uhl, einem Menschen mit dreißigjähriger Erfahrung im Dienste am Menschen und lassen Sie sich an die Hand nehmen von ihr und mit Worten der Liebe und Demut in ein Erkennen führen, in ein Erkennen und Aufarbeiten für ein lichteres Sein in der Einheit von Körper, Geist und Seele.

Ich wünsche Ihnen allen, liebe Leser, daß auch Sie sich in den folgenden Zeilen im Erkennen, Aufarbeiten und Loslassen wiederfinden zu Ihrem Weg

ICH BIN.

Ihre
Andrea Moser

Einleitung

Irgendwann, meist in der Lebensmitte, fängt jeder an, in seinem Leben nach einem Sinn zu suchen.

Automatisch stellt sich dann die Frage: „ War das alles?“, und ebenso automatisch kommt die Einsicht: „ Das kann doch noch nicht alles gewesen sein.“

Seien Sie ehrlich, auch Sie haben sich diese Frage schon gestellt.
Da werden wir in diese Welt hineingeboren, werden von Vater und Mutter an die Hand genommen, lernen laufen und unsere Welt kennen, gehen zur Schule, und wie selbstverständlich schließt sich die Berufsausbildung an, fängt der tägliche Trott mit der Arbeit an.

Irgendwann lernt man jemanden kennen und lieben, lebt in einer Partnerschaft und so nach und nach erfüllen sich die geheimen Wünsche - ein Auto, ein Haus, eine Weltreise; alle materiellen Dinge unserer Vorstellungskraft, die wir für lohnenswert halten. Und wir stellen fest, wir werden immer von einem Gedanken geführt, der in der materiellen Welt manifestiert ist.

Irgendwann aber ist auch der Zeitpunkt gekommen, wo alles erreicht ist, was einst unsere Wunschwelt so beherrschte.
Was aber ist nun unser Lebensziel?
Stellen wir uns der Frage, so kommt eine tiefe Leere in uns auf, Einsamkeit und Sehnsucht bleiben in uns zurück.

Erinnern Sie sich noch an diese letzte Krise - einsam, ausgebrannt und sehnsüchtig nach einem „Sinn-vollen" Leben?
Haben Sie für sich erkannt, daß Sie in diesen Zeiten aufkommenden Zweifelns und Fragens einen Begleiter hatten? Einen Wegbereiter, der Ihnen ein Ziel zeigte, einen Helfer, der jedem einzelnen sagte, welches Ziel ein lohnenswertes ist.

Wir sind auf der Suche. Ständig und immer wieder suchen wir nach dem Sinn unseres Lebens. Viele unserer Mitmenschen enden durch materielles Denken dann als Strandgut ganz unten.

Und das, obwohl es jedem Menschen vergönnt ist, sein inneres Licht „ICH BIN“ zu finden, welches unser Leben ein hell leuchtendes, strahlendes Licht sein läßt.

Aufgrund meiner Lebenserfahrungen darf ich Ihnen versichern, ein Jeder von uns trägt dieses Licht in sich und kann es erleuchten lassen.

Ich lade Sie hier in diesem Buch ein, mit mir gemeinsam eine weitere Vertiefung, in eine höhere Schwingungsfrequenz durch unsere Chakren zu erleben. Durch Übungen an Körper, Geist und Seele so weit zu kommen, daß Sie Ihr inneres Licht finden können, welches Sie vereint mit dem Lichtstrahl des großen Universums.

Der Aufbau dieses Buches entstand als Weiterführung meiner bereits erschienenen Bücher „Chakra Energie Massage“ und „Chakra Orgel“[1] sowie „Die 21 Chakren, Energiefelder des Lebens“[2].

Ich habe es erfahren und bete und bitte täglich darum, immer in meiner Lichtschwingung zu bleiben, um anderen, die sich auf die Suche begeben haben, zeigen zu können, wie es möglich ist, das Licht für das tägliche Sein zu entfachen.
Ich habe es für mich erkannt.
Jeder ist für sich selbst verantwortlich, dieses Licht, das Gott uns gab, gereinigt und geläutert durch das Karma dieser Inkarnation wieder zu Ihm, zu Gott, zurückzubringen.

Seien Sie willkommen im Strahlenkranz dieses Lichtes.
Die Reise zu Ihrem „Inneren Ich“ kann beginnen.

---

1 erschienen im Windpferdverlag, Aitrang

2 erschienen im Energy Video Train Verlag, Frankfurt

HINWEIS

Ich mache Sie darauf aufmerksam, daß ich Sie vor jedem tieferen Einstieg in Ihr Unterbewußtsein mit einigen Worten in die Meditation einführe. Worte, die mir als Durchsagen aus der geistigen Welt transformiert wurden.

Lassen Sie die Worte bewußt in Ihre Gedanken.
Lesen Sie sich die Worte laut und langsam vor.
Lassen Sie die Worte in sich wirken!

Haben Sie viel aufzuarbeiten, dann sprechen Sie sich die Meditation auf eine Cassette und hören Sie sich die Worte solange an, bis Ihre Blockaden oder Emotionen gelöst sind. Dabei kann es durchaus vorkommen, daß Sie weinen, toben, ja richtige Wutausbrüche, Lach- und Schreikrämpfe bekommen.
Die Meditation wandelt diese Emotionen in Liebe um und durch Verzeihen - sich selbst, den anderen und der Situation - arbeiten Sie Karma auf.

Frieden, Licht und Liebe

Ihre Marianne Uhl

MEDITATION VERTRAUEN

Vertrauen, Vertrauen was bist Du?
Nur ein Wort?
Wer bist Du? Nur ein Sinn?
Bist Du es, das Wort zum Lebensinhalt oder bist Du gar das Leben?
Oder nur ein Gedanke?

Wo fange ich an mit dem Vertrauen?
Wie finde ich Vertrauen?

Du, mein Unterbewußtsein, was bist du?
Vertrauen, Leben, Liebe, Sein?
Sonne, Wind, Luft, Wasser. Seid Ihr das Vertrauen?
Wer gibt mir eine Antwort?
Ihr, meine Meister in mir!
Ihr, meine geistigen Führer!
Ist alles, was sich in mir bewegt d a s Vertrauen?

Oh ja, ich höre Euch sagen, such es, Du wirst es finden.
Aber wo? Ja, ich gehe suchen. - Vertrauen.

Ich werde gezeugt, ich vertraue meinen Eltern, die ich - ja ich - mir ausgesucht habe.
Vertraue neun Monate dem Leib meiner Mutter.
Darf, kann ich in ihr wachsen?
Läßt sie mich leben?
Lassen sie mich leben?

Vertrauen. Ich fühle es. Es wächst in mir.
Jetzt, ich fühle es, ich schwebe, ich gleite, frei.

Frei - ich lebe, jetzt.
Ich bin geboren, ich atme!
Es blendet mich das Licht der Welt.
Doch ich vertraue dem Leben, das jetzt kommt.
Ich fühle es - das Leben.
Ich vertraue dem Boden, auf dem ich jetzt stehe.
Ich vertraue der Hand meiner Mutter, die mich hält,
der Hand meines Vaters, die mich führt.

Leben - Vertrauen ohne Gedanken.

Leben - Vertrauen ohne Gedanken.
Sorglos bin ich jetzt.
Sorglos bin ich jetzt.

Ich bin ein Kind.
Ich bin ein Kind und vertraue.
Vertraue all den Lehren, die vor mir geschrieben, die vor mir waren.

Ja, ich lerne.
Ja, ich vertraue.
Ich fühle schon in mir,
wie ich dank meines Vertrauens mich frei entscheiden kann.
Lernen - ein Ziel.
Ist es das Vertrauen, was ich sagen und erreichen will?
Vertrauen. Es ist da. Ein Gefühl.
Vertrauen. Es ist da. Ein Gefühl.

In mir ist Zärtlichkeit, Liebe.

Oh Vertrauen, sag mir, was Du bist!

Verlangen.
Mein Körper.
Meine Haut verlangt. Wem allein soll ich vertrauen.
Mein Geist.
Wem schenke ich mein Vertrauen?
Meine Seele.
Wem darf ich mein Vertrauen geben?

Ich suche das Vertrauen!
Darf ich es mit einem anderen aufbauen?
Ja, ich fühle das Vertrauen.
Vertrauen, das mir entgegenkommt.

Du, mein zweites Ich, habe ich Dich gefunden?
Im Partner - in Dir das Vertrauen.
Ja - ich gebe es Dir.

Hingabe.

Ist es das Vertrauen?
Ich fühle das Begehren, das Streicheln Deiner Hand.
Vertrauen mit Dir.
Vertrauen ist alles an Dir.
Viele Leben sollen es gewesen sein.
Viele Leben sollen es gewesen sein.
Ja, kann ich vertrauen Dir.

Und ganz leise sagt eine Stimme in mir.
Und ganz leise sagt eine Stimme in mir.
Ich bin es, das Vertrauen in Dir.
Der Samen des Schöpfers ruht doch in Dir.
Aller Anfang für neues Leben. Es liegt nur in Dir.

Vertrauen. Welch großes, großes Wort.
Mein Vater - für immer lebst Du in mir
auf dem Weg nach Haus,
in das Vertrauen zu Dir,
die Ewigkeit, die Hoffnung weckt.

Ja, das Vertrauen zu mir,
denn Du mein Schöpfer,
weckst alles Vertrauen in mir.

Der Geburtsschrei

Zeugung - Schwangerschaft - bewußtes Atmen.

Auf dem Weg zu Ihrem inneren Ich werden für den einen oder anderen die Worte und Gedanken, die ich hier darlege, sicherlich eine Herausforderung sein. Sie werden sich fragen, was soll das?

Machen Sie es sich doch einfach bequem.
Suchen Sie sich eine ruhige Leseecke!
Lassen Sie sich auf den nächsten Seiten tief in Ihr Inneres führen.

Wahrscheinlich wird bei dem einen oder anderen Satz oder Beispiel der Aha-Effekt auftreten.
„ Ja, das kenne ich.
Genauso ist es mir ergangen.
Das habe ich ganz genauso erlebt.“

Ähnlichkeiten mit Ihrem Lebensweg, Ihrem Karma?

Schließen Sie dann die Augen und lassen Sie das Wort oder den Satz, der Sie persönlich anspricht, in sich wirken. Solange, bis Sie in Ihrem Herzen bzw. Ihrem Herz–chakra spüren, daß Sie weiterlernen möchten. Worte, Gedanken, innere Einkehr bringen Sie in Ihr Inneres.

Der erste Schrei.

Was bedeutet er?
L e b e n !

Gehen wir gemeinsam zurück. Machen wir zusammen eine Reise.
Gehen wir zurück in unser karmisches Rad,
in unser Urprinzip, in das Bewußtsein der Wiedergeburt.
Wir suchen uns unsere Eltern aus, die ich hier als Schwingung bezeichnen möchte.

Vater und Mutter brauchen wir also, um Erfahrungen und karmische Veränderungen in unserer Seelenwanderung zu machen.

Ein Reifeprozeß, um in der Einheit mit der Schöpfung in Körper, Geist und Seele zu wachsen.

Wir sind bereits bei unserer Zeugung als Seelenstruktur in der Feinstofflichkeit dabei. Wir erkennen zu diesem Zeitpunkt, da wir uns in die Aura unserer Eltern begeben und ab jetzt darin bleiben, ob wir in Liebe gezeugt werden, ob es ein Vergewaltigungsakt ist, ob wir einseitig gewollt sind oder ob es Nötigung eines Partners ist, durch unsere Zeugung den anderen an sich zu binden?

Ganz gleich, ob wir in ein zerstrittenes oder harmonisches Elternhaus inkarnieren, wir haben es uns auf jeden Fall selbst ausgesucht.

Guter Hoffnung?

Wir als Wesenheiten begeben uns nach der Zeugung in die Grobstofflichkeit der Eltern. Im Mutterleib fühlen wir unser Wachsen und Reifen. Wir fühlen alle emotionalen Höhen und Tiefen unserer Mutter.
Steigen wir nun weiter hinein in unser „JETZTSEIN“, so stehen uns auf dem Übergang von der Feinstofflichkeit in die Grobstofflichkeit des Seins noch Beseelung, unsere Geburt und der erste Schrei bevor.

Geburtswehen - es drängt uns auszutreten aus der Geborgenheit des mütterlichen Schoßes.
Sind wir willkommen?
Sind wir gesund?
Oder bringen wir eine körperliche oder geistige Behinderung mit in das irdische Leben?
Welchen Prüfstein haben wir uns ausgesucht für unser Karma?

Nichts geschieht ungewollt!
Wir haben uns unser Leben von Beginn an selbst gewählt, selbst ausgesucht.

In meiner Meditation im Gespräch mit meinen Meistern stellte ich einmal die Frage:
„Wann wird eigentlich die Seele zur Materie?“
Und als Antwort, die ich für mich annehmen konnte, erhielt ich:
Ab dem 4. Wachstumsmonat verlassen wir die Aura der Eltern und gehen dann in unsere eigene Grobstofflichkeit über. Der Übergang läßt sich etwa mit der ersten Kindsbewegung gleichsetzen.
Unsere Aura ist ab diesem Zeitpunkt eigenständig.

Neun Monate wachsen. Eine Ewigkeit.
Darf ich wachsen?
Versucht man mich abzutreiben, zu töten?
Will ich getötet werden?
Braucht meine Seele diese Erfahrung?

Bewußt? Unbewußt?

Der erste Schrei, den man von sich gibt, wird, wie alles, bewußt erlebt.
In meinen Untersuchungen bestätigten mir viele Mütter diese Durchsagen meiner Meister.

Schaffe ich den ersten Schrei?
Gelingt es mir? Nimmt mich die Welt an?
Welche Hindernisse muß ich bewältigen?
Angst? Leben? L e b e n!

Viele Menschen bewältigen Ihren ersten Schrei nicht gleich, hatten oder haben eine Blockade.
Viele haben panische Angst vor dem Wasser. Angst zu ertrinken. Lähmende Angst.

Haben auch Sie Angst vor dem Wasser?
Dann schauen Sie in Ihr Inneres!

Fragen Sie Ihr Unterbewußtsein - hatte ich bei der Geburt Fruchtwasser im Mund?

Glauben Sie mir, dieser Schock beim Lebenseintritt kann Sie durchaus bis zum Lebensende begleiten. Und Sie wundern sich, wieso Wasser ausgerechnet bei Ihnen so eine Furcht auslöst.
Sie können diese Furcht nur loswerden, wenn Sie Ihre Angst nicht länger mehr vor sich selbst verheimlichen.

Schauen Sie mit absoluter Offenheit in sich:
„Warum habe ich Angst vor dem Wasser?

Habe ich bei meiner Geburt Fruchtwasser aufgenommen?“
Und beobachten Sie jetzt Ihre Gefühle!

Gänsehaut? Übelkeit?
Steigt wieder die Angst in Ihnen auf?

Dann nehmen Sie dieses Beispiel an. Verzeihen Sie sich! „Meine Seele braucht diesen Erfahrungswert nicht mehr."

Hüllen Sie diesen Gedanken in ein weißes Licht und geben sie ihn ab an das Urprinzip der Schöpfung.

Ein anderes Beispiel:
Sie fühlen häufig eine Enge am Hals, obwohl Sie wissen, daß dies nicht auf die Kleidung zurückzuführen ist.
Sie fühlen, wie sich bei Gedanken oder Worten, die Ihnen gegenüber zum Ausdruck gebracht werden, der Hals zuschnürt. Sie haben dadurch das Gefühl, es hängt etwas am oder im Hals.
Schauen Sie in Ihr Inneres, und Sie werden erfahren, daß Ihr erster Schrei bei der Geburt verhindert wurde, weil Sie die Nabelschnur um den Hals hatten.

Dieses Gefühl der Enge, des Eingeschnürtseins kann sich sogar in Ihren Träumen wiederfinden. Der Alp lastet auf Ihrer Seele.

Sie haben einen Strick um den Hals.
Sie werden erwürgt, man will sie aufhängen.
Sie haben Erstickungsgefühle. Eine Blockade im Halschakra ist die Folge.
Dies kann aus einem sogenannten Geburtstrauma entstehen, wenn sie die Nabelschnur um den Hals hatten.

Ein weiteres Beispiel aus meiner Praxis:
Ich lernte ein Kind mit einem leichten Sprachfehler kennen. Außerdem hatte es ständig rote Flecken am Hals. Für die Mutter und die ganze Familie war dies ein Rätsel, wie das Kind zu diesen roten Flecken kam.
Auch die vorangegangenen ärztlichen Untersuchungen brachten keine Lösung.
Durch Rückführungen entdeckte ich folgendes:
In einem Streitgespräch der Eltern eskalierte der Vater und würgte die werdende Mutter am Hals. Der Schock saß so tief in der jungen Frau und dem heranwachsenden Wesen, beide ja verbunden durch die Nabelschnur, daß das Kind die Würgemale und den Sprachfehler mit in diese Welt brachte.

Die Seele des Kindes wußte Bescheid über die Erfahrung, die es machen mußte. Denn die Seele sucht sich ja dieses Leben mit all den kommenden Vorgängen aus, die wir als Schicksal bezeichnen.
Nach dem Erkennen wurde bei diesem Kind durch verschiedene Behandlungsmethoden von Reflexzonologie bis zur Sprachtherapie, der Sprachfehler behoben. Die roten Flecken am Hals des Kindes verblaßten.

Beim ersten Schrei, den wir in dieser grobstofflichen Welt ausstoßen, gehen wir über die Brücke des Vergessens.
Alles, was wir uns vor der Geburt für dieses Leben ausgesucht haben, wird in diesem Moment ins Unterbewußtsein transformiert und somit im Bewußtsein gelöscht.

Der erste Schrei, den wir in dieser grobstofflichen Welt ausstoßen, sollte ein Freudenschrei sein.
Er bewirkt gleichzeitig das bewußte Ein- und Ausatmen.

Alle Funktionen in unserem Erdendasein werden durch das Ein- und Ausatmen begleitet, ausgelöst durch den ersten Schrei.
Solange, bis ein letzter, tiefer Atemzug uns wieder in andere Ebenen bringt, zurück zu unserem Ur-Sein.

Betrachten Sie die Brücke des Vergessens als unendliche Gnade unseres Schöpfers. Denn wären uns die karmischen Vorgänge alle im Bewußtsein, so bin ich davon überzeugt, daß ein hoher Prozentsatz der Menschen die Flucht ergreifen und dieses Leben in der Grobstofflichkeit nicht annehmen würde. Wir würden keine Bewußtseinserweiterungen dies- oder jenseits mehr erfahren. Das heißt, unser geistiger Horizont würde sich nicht mehr erweitern, er würde immer auf der gleichen Ebene bleiben. Wir wollen uns doch aber alle, wenn wir in uns hineinhören, ständig weiterentwickeln.

Erkennen Sie jetzt die große Gnade des Seins?

Alles ist Stufe.
Über mich selbst schreite ich
und werde mir Stufe.
So finde ich meine Unendlichkeit
indem ich ewig eine neue Stufe steige.
Und ewig bin ich selbst die Stufe.

Bo Yin

Kindsein

Ich bin geboren. Ich bin da.

Es dauert nicht lange, bis ich meine Eltern unterscheiden kann.
Wer kommt zuerst gerannt, wenn ich schreie. Mutter oder Vater?
Ich nehme durch die Aura die Schwingung meiner Eltern auf. Und so nehme ich wahr, ob ich mit Liebe, Sehnsucht, Fürsorge von der Familie erwartet werde oder ob ich auf Wut, Enttäuschung, Angst und Sorge stoße.
Gehen Sie jetzt in sich!
Holen Sie sich Ihre eigene Lebenssituation aus der Tiefe Ihres Unterbewußtseins. Erleben Sie, daß in Ihnen noch immer das Verhalten aus der Säuglingszeit nachwirkt?
Wie oft leben Sie Ihre Emotionen aus?
Können und dürfen Sie Ihre Emotionen ausleben?
Bekennen Sie sich zu Ihrem Erwachsensein?
Sehnen Sie sich nach Ihrer Kindheit?

Suchen Sie noch immer nach mütterlicher oder väterlicher Geborgenheit?
Haben Sie manchmal sogar den Wunsch, mit den Eltern zu kuscheln und schmusen?
So wie früher, als Sie immer zu Ihren Eltern kommen konnten, wenn Sie Probleme, Angst oder Furcht hatten.
Oder wenn Sie Freude mit Ihnen teilen wollten?
Aber niemand ist heute da. Oder doch?
Sie trauen sich nicht. Überlegen Sie warum. Suchen Sie in sich den Grund Ihrer Einsamkeit.

Die meisten Menschen haben ihre Natürlichkeit verloren. Die Natürlichkeit, die wir im Säuglings- und frühen Kindesalter besessen haben, als wir jede unserer Emotionen spontan zeigten. Bis zum siebten Lebensjahr etwa besitzen wir diese Natürlichkeit.
In unserem frühen Kindesalter können wir noch nicht mit Worten ausdrücken, was wir wünschen, erwarten oder tun. Wir haben dafür unsere Mimik, Gestik und unsere Stimme, die uns weinen und lachen läßt.

Wir sind in diesem Lebensabschnitt sorglos, arglos, einfach nur Schwingung in einer so wunderbaren Welt, die wir erforschen, ergründen und sehen wollen.

Über den Körper unserer Mutter hinaus sind wir noch ca. bis zum 7. Lebensjahr direkt mit den anderen Ebenen, dem sogenannten Jenseits der Schöpfung verbunden. Diese Natürlichkeit ist es, die wir im Erwachsensein vermissen. Wir fühlen, daß wir sie verloren haben. Mehr oder weniger.

Und diese Natürlichkeit ist es, die wir als Erwachsene wieder suchen. Gleichzeitig schämen wir uns für unsere Gefühle. Als Kinder träumten wir von Elfen, Feen, Kobolden, Tieren oder eigenen Phantasiegebilden, die nach unserem Willen geprägt waren.
Diese Wesen waren für uns existent, sie waren einfach da. Teilweise war für uns Traum und Wirklichkeit nicht mehr zu unterscheiden.

Heute ist es uns peinlich, wir schämen uns sogar, zuzugeben, daß wir an die Fabelwesen unserer Phantasie glaubten.

Verletzende Worte finden wir für diejenigen, die sich wenigstens einen Teil Ihrer Phantasie aus der Kindheit bewahrt haben. Verletzende Worte wie: Spinner, Weltfremde, Tagträumer, lebensuntüchtig.

Wer nahm uns die Phantasie?

Müssen Sie das für sich akzeptieren?
Die Blockaden, die in dieser Zeit in Ihnen entstanden sind, begleiten Sie teilweise durch Ihr ganzes weiteres Leben, bis Sie die Ebene wechseln.
Erinnern Sie sich an Ihre Kindheit!
Fühlen Sie noch die Ohrfeigen, die Sie bekommen haben? Jeder Wutausbruch, sei es handgreiflich oder mit Worten, hinterläßt eine Verletzung in der Seelenstruktur.

Gehen Sie jetzt in die Gegenwart! Ohrfeigen, schlagen Sie Ihre Kinder?
Schimpfen, ja fluchen Sie vielleicht auf sie?
Denken Sie bitte immer daran, die Kinder sind alte Seelen, die schon viele Leben gelebt haben.

Lassen Sie jetzt die Bilder Ihrer Kindheit vor Ihrem inneren Auge ablaufen!

Schauen Sie, wer Sie verletzt, wer Sie geschlagen hat. Bleiben Sie bei jedem Namen einmal stehen. Verzeihen Sie der Person, bitten Sie diese um Verzeihung und verzeihen Sie sich vor allem selbst.
Spüren Sie, wie es in Ihnen leichter wird?
Sie haben den Schlüssel zu Ihrer eigenen Freiheit, zu Ihrer persönlichen Wahrheit in der Hand.
Erkennen Sie es?

Also schließen Sie die Tür zu Ihrem Bewußtwerden weiter auf.

Negative Gedanken und Worte, die wir erfahren haben, manifestieren sich in unserer Aura und setzen sich so in uns als Blockaden fest.

Geschwisterliebe.
Neulich erzählte mir ein kleines Mädchen, daß jede Nacht eine Fee zu ihr kommt.

„Dann ist es so schön, dann bin ich glücklich“ , sagte sie.

Und einen Moment später, als ihr kleiner Bruder im Kinderwagen anfing zu schreien, schaute sie wütend und gleichzeitig sehnsüchtig zu ihrer Mutter, die den kleinen Jungen auf den Arm nahm und ihn streichelte.

Das Mädchen ist eifersüchtig.

Zuneigung und Liebe, die jahrelang ihr allein galten, muß sie nun teilen.

Die Eifersucht spürt ein Kind ziemlich schnell. Es fühlt sich zurückgesetzt, fühlt wie der Bruder oder die Schwester bevorzugt wird. Irgendwann aber ist man dieser Gefühlswallung überdrüssig. Man flüchtet in eine Scheinwelt, eine Traumwelt im Kindsein. Teddys, Puppen, Stoff- und Plüschtiere - eine Welt, die für das betroffene Kind real ist.

Und nicht lange dauert es und die Erwachsenen schimpfen dann auf dieses Kind, das sich zurückgezogen hat und sich zurückgesetzt fühlt.

„Erzähl doch nicht so dummes Zeug. Denk dir doch bloß nicht immer diese Lügengeschichten aus. Hör bloß auf mit deinen Märchen. Das ist doch sowieso alles nicht wahr“.

Das Kind wird eingeschüchtert und reagiert dementsprechend. Zuerst versucht das Kind noch zu protestieren.

Es stampft zum Beispiel mit den Füßen auf und behauptet:“ Und es ist doch wahr.“

Immer öfter ermahnt und ausgeschimpft, zieht sich das Kind immer mehr zurück in seine Scheinwelt, erzählt nichts mehr von seinen Wünschen und Sehnsüchten. Die heimlichen Wünsche und Sehnsüchte, die man niemandem erzählt und von denen die Erwachsenen oft keine Ahnung haben, sie bestimmen jetzt die Gedanken des Kindes - oft sein ganzes Leben lang.

Die heile Scheinwelt mit Puppen, Feen und anderen selbstgeschaffenen Traumbildern und Phantasiegestalten waren unsere Zuflucht.

Wie aber erkenne ich als Erwachsener solch eine Blockade aus der eigenen Kindheit?

Machen Sie doch jetzt eine kleine Pause beim Lesen. Seien Sie ehrlich zu sich selbst.

Flüchten Sie auch jetzt noch in eine Scheinwelt? Warum?
Wurden Ihre Wünsche nicht erfüllt? Konnte man sie nicht erfüllen?
Haben Sie anderen Ihre Wünsche mitgeteilt?
Erhofften Sie, daß andere Ihre Wünsche erraten würden?
Wie oft gaben Sie anderen die Schuld, daß S i e nicht glücklich sind?
Hörte Ihnen niemand zu?
Nahm niemand Ihre Signale wahr?
Überfiel Sie dann eine lähmende, tiefe Traurigkeit?
Eine Traurigkeit, die Sie auch heute noch manchmal erleben?
Traurigkeit zum Beispiel darüber, daß da niemand ist, der Sie glücklich macht?

Nur Sie allein, nur Sie selbst können sich glücklich machen. Und wenn Sie glücklich sind, dann strahlen Sie dies auch in Ihr Umfeld aus.

Schauen Sie sich doch einmal ganz offen Ihr Umfeld an!

Erkennen Sie, was Ihnen alles nicht paßt, was Sie stört?

Vielleicht der Partner, der Nachbar, der Arbeitsplatz, die Wohnung, das Auto und viele andere Dinge mehr. Ein falsches Geschenk in Ihrer Kindheit. Nicht die Puppe, die man seit Wochen im Schaufenster angehimmelt hat, nicht das richtige Fahrrad, der richtige Schulranzen und vieles andere mehr?

Fragen Sie sich, warum Sie sich in diesem Umfeld befinden und das Gefühl haben, nicht ausgefüllt zu sein, sondern leer und ausgebrannt?

Diese gedanklichen Blockaden gehen zurück bis zu Ihrem Kindsein.

Halten Sie jetzt wieder ein, beim Lesen!
Überlegen Sie!

Warum konnte ich die große Puppe nicht bekommen, die das Ziel aller meiner Wünsche darstellte?
Warum mußte ich mit meinen Geschwistern teilen?
Vielleicht konnten Ihre Eltern aus finanziellen Gründen Ihre persönlichen Wünsche nicht so erfüllen, wie Sie es erwartet hatten. Und die Eltern konnten das Gefühl des Verzichtens, durch die nicht geführte Aussprache mit Ihnen, nie aufarbeiten und verstehen.

Fühlen Sie sich auch heute noch von Ihren Eltern und Geschwistern unverstanden, weil Sie vielleicht mehr oder weniger besitzen, so räumen Sie das aus.
Ganz gleich, welche Lebenssituation Sie zu dieser Traurigkeit im Kindsein bis heute noch bewegt, verzeihen Sie sich und den Beteiligten und warten Sie nicht darauf, daß jemand Ihren Wunsch erfüllt.

Sie selbst dürfen sich einen Wunsch erfüllen. Dadurch können Sie sich selbst glücklich machen.
Teilen Sie ruhig Ihrer Umwelt mit, was Ihnen noch fehlt zum Glücklichsein.
Die Blockaden aus Ihrer Kindheit können sich somit lösen.

Gedankenreise
in die Kindheit

Wie erkennen Sie Blockaden aus Ihrer Kindheit?
Setzen oder legen Sie sich in Ihre Lieblingsecke.
Zünden Sie eine Kerze an. Achten Sie darauf, daß Ihre Wirbelsäule gerade ist.
Schließen Sie die Augen.
Lassen Sie Ihren Alltagsstreß los.
Machen Sie sich frei von allen Gedanken, die Sie jetzt noch beschäftigen.
Öffnen Sie wieder die Augen und schauen Sie in das Kerzenlicht.
Schauen Sie in die Flamme hinein, erkennen Sie ihr Feuer, ihr Licht, ihre Glut, ihren Docht, ihre Farben - alles, was die Flamme Ihnen zeigt.

Langsam fühlen Sie, wie Sie lockerer werden, und dann schließen Sie wieder die Augen.

Jetzt gehen wir gemeinsam auf eine Phantasiereise:

Sie sehen ein wunderschönes blaues Wasser. Sie lassen sich in das Wasser hineinfallen, in das lichte blaue Wasser.

Sie fühlen das warme Wasser. Sie fühlen sich in diesem Wasser wohl und geborgen.

Sie lassen sich von dem Wasser tragen und Ihr Körper wird ganz leicht.

Fühlen Sie es? Stellen Sie sich geistig ganz darauf ein. Sehen Sie sich, Ihre Mutter, Ihren Vater - und jetzt fühlen Sie sich in Ihrem neunten Lebensmonat - im achten Monat - im siebten Monat - im sechsten - im fünften - im vierten - im dritten - im zweiten - im ersten.

Und jetzt gehen Sie in ein tiefblaues Wasser, in das tiefe Blau der Empfängnis. Lassen Sie sich tragen vom Wasser, von dem tiefen Blau des Wassers.

Lassen Sie jetzt alles zu, was sein möchte in Ihnen.
Alle Gedanken und alles, was in Ihnen in dieser Stille hochkommt.
Lassen Sie zu, was sich Ihnen jetzt mitteilen möchte.

Machen Sie diese Übung so lange, wie Sie das Gefühl haben, völlig entspannt und leer zu sein.
Sollten sich Bilder, Gesichter, andere Gegenstände zeigen, dann bitten Sie darum, daß Sie sie mit in Ihr Bewußtsein nehmen können und erkennen dürfen, was die Symbole für Sie persönlich zu sagen haben.

Lösen Sie vor Ihrem geistigen Auge das Blau des Wassers auf und kommen Sie wieder zurück in das Hier und Heute und Jetzt.
Öffnen Sie die Augen, strecken Sie Arme und Beine aus.
Sie sind im Jetzt.

Nehmen Sie im Jetztsein das, was Sie erkannt haben, bewußt auf.

Ergründen Sie es und arbeiten Sie es auf.
Und wiederum haben Sie eine Möglichkeit, Blockaden oder nicht aufgearbeitetes Karma aufzulösen.

Sie sollten nicht länger als zwanzig Minuten bei dieser Übung verweilen.

Pubertät

Auf der Reise zu uns selbst lassen wir unsere Kindheit hinter uns. Wir gehen einen Schritt weiter und sind in der Pubertät.

Jedes Kind wird mehr oder weniger liebevoll erzogen. Erfährt von den Eltern mehr oder weniger Zärtlichkeit, Zuneigung und Liebe.

Wie gern sind Sie als Kind ins Bett Ihrer Eltern geschlüpft?
Warum?
Weil es so warm, weich und kuschelig war und Sie sich geborgen fühlten?
Wie oft durften Sie das tun?
Durften Sie es überhaupt tun? Oder wurden Sie immer gleich bei der ersten Anfrage: „Darf ich?“ abgeblockt?
Liebe, Zärtlichkeit und Sinnlichkeit bekommen mit dem Erwachsenwerden eine andere Bedeutung.

Mit der Aufklärung der Jugendlichen wird das Thema Liebe und die starken Gefühle, die sich mit diesem Wort verbinden, tabuisiert.

Das Gefühl - was bedeutet dieses Wort für Sie?
Ist man mit einem Menschen auf Hautfühlung oder intim, so vermischt sich die Aura und bleibt etwa 24 Stunden in Ihrer Schwingung, bis sie sich wieder trennt und eigenständig wird.

Ein Beispiel:
Erinnern Sie sich an die letzte, mit Ihrem Partner verbrachte Liebesnacht.
Läuft Ihnen jetzt bei diesem Gedanken und Erinnern ein Schauer über den Rücken?
Sie fühlen diesen Schauer, weil Ihre Schwingung noch identisch mit der Aura Ihres Partners ist.
Genauso geht es dem Kind in dem Alter, wo wir auf unserer Reise zu uns selbst angekommen sind - in der Pubertät.

Holen Sie Ihre ersten kindlichen Gefühlsregungen zurück.
Wollten Sie alles besitzen? Nicht teilen?
Waren Sie deshalb so eifersüchtig?
Hält Ihr Egoismus Sie noch immer gefangen?
Wollten Sie nur besitzen?

Lassen Sie es los mit dem Gedanken: „Nichts ist mein Besitz, in der Natur bin ich selbst nur ein Teil des großen Schöpfungsprinzips".

Atmen Sie bei diesem Gedanken tief durch. Dreimal.
Sie werden feststellen, daß Ihr Nabelchakra, Ihr Sonnengeflecht, Verkrampfungen loslassen kann, die durch Ihre festhaltende Gedankenkraft entstanden sein könnten.
Sie fühlen sich, wenn Sie das erkennen und erleben, vielleicht nicht mehr zurückgestoßen, ungeliebt und verletzt.

Sollten auch Ihre Gefühlsregungen unterdrückt worden sein, gehen Sie bitte wieder mit mir in die Tiefe.

Nur so.

Nur so können Sie die im Laufe Ihres bisherigen Lebens angestauten Blockaden lösen.

Kinder werden oft kritisiert, wenn sie wieder einmal „Luftlöcher“ in den Raum starren.
„Träumst du schon wieder?“ heißt es dann meist ziemlich abfällig und ungeduldig.

Dabei haben wir, die Ermahnenden, doch selbst so gerne Luftschlösser gebaut. Uns war warm und wohlig dabei, der Körper vollkommen entspannt.
Warum wird man beim Träumen gestört?
Warum stören wir andere beim Träumen?

Tiefer empfindet man noch die ersten Streicheleinheiten an sich selbst, um sich und seinen Körper neu zu entdekken.

Die Haut, die sich spannt. Man wird sich des Erwachsenwerdens langsam bewußt, der eigenen, mit dem Älterwerden verbundenen Lust und Sinnlichkeit. Man erlebt und erkennt erstmals sein eigenes Geschlecht.

Wenn Sie jetzt in sich hineinhorchen, -fühlen, -denken „Ich durfte ja nie“ oder wenn Sie daran denken, wie Sie beim Selbstbefriedigen erwischt wurden, dann fühlen sich die meisten von uns noch heute bei diesem Gedanken peinlich und unangenehm berührt.

Geschlechtsreife, Generationsprobleme.
Wurden Sie richtig aufgeklärt?
Ich meine nicht die Brutalität der Aufklärung durch Pornos, sondern das Gefühl, die natürliche Zärtlichkeit, die jeder von uns bei seiner Geburt mitbekam.
Bevor Sie inkarnierten in dieses Jetzterdenleben, hatten Sie die Möglichkeit, sich auszusuchen, ob Ihre Seele in einem männlichen oder weiblichen Körper leben möchte.

Oder Sie konnten wählen, andere Erfahrungswerte zu erleben, wie zum Beispiel die gleichgeschlechtliche Liebe. Bitte bedenken Sie, welche Seelengröße sich in so einem Körper befindet, um diesen Reifeprozeß zu durchleben.

Bei vielen Reinkarnationssitzungen habe ich erfahren, daß die Zeitepoche bzw. die Gesellschaftsformen gnadenlosen Widerstand leisten, wenn es darum geht, frei und ohne negative Emotionen zu leben und zu denken.

Jedem von uns sollte bewußt, ständig bewußt sein, daß wir kein Recht haben, über die Seelenreife anderer zu werten. Jeder trägt seine Verantwortung auf dieser Seelenreise selbst. Sie alle haben ein Recht darauf, so zu leben, wie Sie sich dies selbst ausgesucht haben.

Es ist wichtig, noch tiefer in unser ICH zu schauen, um festzustellen, wie Blockaden entstehen können. Die Unfreiheit unserer Emotionen noch einmal aufzuarbeiten, ist sehr wichtig, denn diese Unfreiheit in der pubertären Phase ist später oft der Auslöser für viele körperliche Krankheiten.

Sie wundern sich, daß ich eine solche Theorie aufstelle? Es sind Erfahrungswerte aus meinem Beruf als Heilpraktikerin.

Impotenz, fehlende Libido, oft bespöttelt unter vorgehaltener Hand: „Sag mal, wie lange kann man eigentlich, na du weißt schon?“
Nirgendwo sind in der Natur Zeiten gesetzt.
Wir, in unserer nicht ausgelebten Gedankenwelt sind diejenigen, die sich Grenzen setzen.

Wie oft unterdrücken wir heute noch unser Zärtlichkeitsbedürfnis?

Wie oft haben Sie den Wunsch, nach Verstandenwerden und wie oft höre ich in meiner Praxis:
„Es geht jetzt nicht"
„Der Hund muß noch gassi gehen."
„Ich muß erst noch einkaufen"
„Die Kinder müssen jetzt erst noch ins Bett"
„Erst muß ich arbeiten"
Oft höre ich auch: „Wissen sie, nur im Urlaub haben wir mal öfter Zeit dazu."

Hören und fühlen Sie in sich, wie Sie sich selbst mit Ihren Gefühlen vergewaltigen?
Ich kann Ihnen nur ans Herz legen: Wenn Sie das Bedürfnis haben, Gefühle mitzuteilen, Zärtlichkeiten auszutauschen, dann tun Sie es doch auch.

Erklären Sie doch zum Beispiel Ihrem Kind, daß Sie jetzt gerne mit Ihrem Partner allein sein wollen, weil Sie schmusen wollen.

Es ist so wenig, was man zum Glück braucht.

Glück ist flüchtig, ein Augenblick nur. Aber Sie tragen die positiven Schwingungen in sich. Wieviel Energie kann man mit einem positiven Wort in sich und anderen freisetzen.

Oft ist es nur das kleine Wort: „Danke“. Es lösen sich Blokkaden und Druck aus unserem Chakrenbereich auf.

Eines sollten Sie jedoch auf keinen Fall vergessen:
Sie können und dürfen jeden Tag neu anfangen!
Es ist nie zu spät!
Sagen Sie, wenn Sie jetzt wieder in Ihre pubertäre Zeit zurückdenken: „Danke, daß ich mal eine Stunde bei euch im Bett sein durfte, Mutter und Vater.
Danke, daß ich auf eurem Schoß sitzen durfte. Danke, daß ihr mir mein Lieblingsessen gekocht habt, daß ihr an meinem Bett gesessen habt, wenn ich krank war.“

Sagen Sie sich auch selber Dank und danken Sie der Schöpfung für Ihr Sein.
Und Sie werden auf dieser Reise zu sich selbst, zu Ihrem Ich merken, nur Sie allein können sich glücklich machen.
Betrachten Sie das Leben immer unter dem Aspekt, daß jeder Augenblick unseres Daseins schön ist, Sie äußerlich und innerlich reich macht auf dem Weg zu sich selbst.
Das Wissen, jeden Tag neu anfangen zu können, hilft viel dabei.

Immer wieder haben meine Forschungen ergeben, daß sich die Gedankenstrukturen und die Blockaden, die wir erst als Erwachsene erkennen und gegen die wir angehen, hauptsächlich in der Pubertät verankert hatten.

MEDITATION
Eltern loslassen

Wir suchen uns einen ruhigen, stillen Ort in unserer Wohnung für unsere Meditation[3].

Legen Sie sich, wenn möglich, auf den Boden.
Sie sind ganz locker und entspannt in Ihrer Körperhaltung.

Wir gehen nun gemeinsam auf eine gedankliche Reise in uns und wir sehen vor unserem geistigen Auge unseren Vater und unsere Mutter.

Wir fühlen uns tiefer hinein,
und wir sehen uns eingehüllt
wir sehen uns eingehüllt
in ihre Arme, in ihre Liebe.
Warm sind die Körper, in deren Mitte ich liege,
Ich, ihr Kind, ihr meine Eltern.
Ich nehme euch an!
Ihr meine Eltern - Vater, Mutter.
Ich habe euch ausgesucht für diese Inkarnation.

---

3 Sie können diese Meditation eventuell mit sanfter Musik unterstützen.

Warum nehmt ihr mich nicht an?
Vater, das Weh, das sich in mir ausbreitet!
Ich spüre sie körperlich, die fehlende Liebe zur Ganzheit.

Vater, das totale Einssein im Sein.
Oh, mein Vater, laß los den Schmerz in mir -
ich bin es, dein Kind.
Fühle - ich wurde durch dich geboren.
Und doch, laß mich gleich los.
Ich bin schon eigenständig, wenn du es auch nicht verstehst.
Vater, es sind dies Gesetze der Natur.
Nicht dein bin ich, sondern SEIN.

Vater, versteh es bitte, dadurch werde ich frei -

auch du, mein Vater wirst frei.
Und alles Weh löst sich auf aus meiner Kindheit,
aus meinem Sein mit dir, Vater.
Und wir sind frei, frei!

Verzeihe mir, ich verzeihe dir, Vater, und wir sind frei!

Mutter, meine Mutter,
fühle mich, Mutter.
Das Weh, das sich in mir ausbreitet.
Ich spüre sie körperlich, die fehlende Liebe zur Ganzheit.

Mutter, das totale Einssein im Sein.

Oh, meine Mutter, laß los den Schmerz in mir,
ich bin es, dein Kind.
Mutter, ich fühle, ich wurde durch dich geboren und doch
laß mich gleich los.
Mutter, ich bin schon eigenständig, wenn du es auch nicht
verstehst.

Mutter, es sind dies Gesetzte der Natur.
Nicht dein bin ich, sondern SEIN.

Mutter, versteh es bitte, dadurch werde ich frei -

auch du, meine Mutter wirst frei.
Alles Weh löst sich auf aus meiner Kindheit, aus meinem Sein mit dir, Mutter.
Und wir sind frei, frei!
Verzeihe mir, ich verzeihe dir und wir sind frei, Mutter!

Ihr, meine Eltern, ich fühle die Geborgenheit in euch.
Eure Liebe, euer Sein.
Doch laßt mich frei, denn ich bin eigenständig.
Nicht euer bin ich, sondern SEIN.
Wir meine Eltern - wir sind frei, frei!

Wir lassen die Worte in uns nachklingen.
Wir ruhen noch eine Weile, bedanken uns in der Schöpfung für dieses Sein.

Sie strecken Ihre Arme und Beine aus.
Sie öffnen Ihre Augen.
Sagen Sie Ihren Eltern in Gedanken etwas Liebes aus Ihrem Herzchakra und Sie werden sich in sich wohl und frei fühlen nach dieser Meditation.

Diese Meditation sollte dreißig Minuten nicht überschreiten.

Die Grobstofflichkeit hat sich mehr und mehr verdichtet, weil wir den sogenannten „direkten Draht“ in die anderen Ebenen immer mehr verloren haben.

Drücken wir es doch so aus:
Die Sorglosigkeit des Kindes verliert sich immer mehr im jugendlichen Alter.
Sie gehen zur Schule, das bedeutet, die jeweilig herrschende Gesellschaftsordnung übernimmt jetzt Ihre Erziehung.
Sie erlernen das Geistesgut derjenigen, die vor uns lebten oder noch leben.

Aber was wird da eigentlich geschult?
Wo ist die Muße?
Wo ist die Leichtigkeit des Seins?

Knallhartes Intellekttraining, nur Leistung, nur Höchstleistung.

Nur damit ist man wer in dieser Gesellschaftsform, in die wir uns inkarniert haben.
Wo wird die Inspiration geschult?
Wo die innere Freiheit?
Wo das Leben?
Wie schwer ist es, dies auf seiner persönlichen Suche zu finden?

Jeder kann nur für sich seine Ideale herausfinden und sollte den Mut haben, seine inneren Ideale auch zu leben.
Ich weiß, daß man dann glücklich ist. Man muß nicht warten darauf, daß jemand kommt und uns glücklich macht.
Ist das Freiheit?
Hören Sie in sich hinein!
Haben Sie Mut zu sich selbst!

Haben Sie Mut zu sich selbst, und jeder Augenblick des Lebens wird eine Gnade sein!

Ein Beispiel aus meinem Leben, als ich mich wehrte, das anzunehmen, was man mich lehrte.
In mir baute sich grundsätzlich Wut auf, wenn ich etwas sagen wollte und prompt den Befehl bekam, den Mund zu halten und stillzusitzen.
In mir bohrte es dann, denn ich wußte, wenn ich den Erwachsenen zuhörte, daß dies oft nicht so stimmte, wie es gerade gesagt wurde.
Oder in der Schule: „Was der da vorn sagt, ist gelogen."

Geistig malte ich mir dann kleine Transparente, die ich hochhielt. Und da ich die Kleinste meiner Klasse war, habe ich meine geistigen Transparente immer an einem Besenstiel hochgehoben.

Auf diesen Transparenten stand folgendes:

„Du lügst“
„Das stimmt nicht“
„Ich hasse dich“
„Halt jetzt den Mund“
„Du bist langweilig“
Im Religionsunterricht habe ich oft das Schild: „Das stimmt nicht“ und „Das war anders, ich weiß es“ hochgehalten.
Heute weiß ich, daß diese geistige Revolution ein Aufbäumen meines URWISSENS im Nabelchakra war.
Ganz besonders ist mir eine Situation in Erinnerung:
„Kain erschlug Abel, ging in ein anderes Land und nahm sich eine andere Frau.“
Ich fragte damals meinen Religionslehrer folgendes:
„Wenn doch Adam und Eva nur Kain und Abel als Söhne hatten, woher kam dann die andere Frau?“
Lange Zeit nachher spürte ich noch die Folgen des Schlages in mein Gesicht, der mich prompt dazu veranlaßte, unfreiwillig auf meinem Hinterteil zu landen, nachdem

ich mir in meiner kindlichen Unschuld erlaubt hatte, diese Frage im Religionsunterricht zu stellen.

Meine häufigen Bauchschmerzen in dieser Zeit während der Unterrichtsstunden konnte ich mir später dann auch erklären.

Haben Sie Kinder, die häufig über Bauchschmerzen klagen und schon als Simulanten hingestellt werden, dann nehmen Sie sich die Zeit, in aller Stille mit Ihren Kindern zu sprechen. Die Kinder gewähren Ihnen sicherlich Einblick in ihre Seelennöte.

Wenn Sie ein ähnliches Thema der angeblichen Aufsässigkeit, Wut oder Aggression zu Hause erkennen, dann lassen Sie Ihr Kind nicht allein.

Häufige Unlust, in die Schule zu gehen oder nicht definierbare Blinddarmreizungen können auch durchaus hiermit eine Erklärung finden.

STEINMEDITATION

Nehmen Sie Ihren Lieblingsstein, zum Beispiel einen Bergkristall, Citrin oder Rosenquarz, in die linke Hand.

Fühlen Sie in Ihre linke Hand hinein.
Nehmen Sie wahr, wie Ihr Pulsschlag den Stein begleitet oder wie der Stein Ihnen entgegenpulst?

Fühlen Sie, Sie sind eins mit Ihrem Stein in Ihrer linken Hand.
Jetzt lassen Sie all Ihre negativen Gedanken in diesen Stein hineinfließen.
Alles, was Sie belastet.
Alles, was Ihnen je Sorge bereitet hat, wird der Stein in seiner Schwingung für Sie aufnehmen.

Sprechen Sie mit Ihrem Stein in der linken Hand und fühlen Sie, wie der Stein immer wärmer wird, ja sogar richtig heiß werden kann.

Haben Sie nun alles Ihrem Stein anvertraut, dann holen Sie sich geistig das Licht der Sonne, hüllen Sie geistig den Stein in das Licht der Sonne ein, und geben Sie geistig alles durch den Stein ins Universum ab.
Geben Sie alles ab mit der Kraft der Sonne, des Lichtes, in das große Universum.
Bitten Sie darum, daß das große Schöpfungsprinzip alle diese negativen Gedankenformen auflöst und nur das Licht der Sonne in Ihnen verbleibt.
Die Sonne wird Sie erleuchten und wärmen in Ihrem täglichen Sein.

Öffnen Sie Ihre linke Hand und nehmen Sie Ihren Stein wahr.
Fühlen Sie ihn und bedanken Sie sich für seine Hilfe.

Dann gehen Sie mit Ihrem Stein und Ihren Händen unter fließendes Wasser.
Lassen Sie Wasser über den Stein und Ihre Hände fließen, so wie es vor vielen Hunderten von Jahren die Schamanen in ihren Reinigungsritualen getan haben.

Legen Sie Ihren Stein wieder an seinen Platz zurück, bis Sie ihn vielleicht wieder einmal brauchen.
Er kann Ihnen helfen, umzuwandeln.

Selbstverantwortung

Wir haben auf unserer Reise zu unserem ICH Station in der Pubertät gemacht.

Wir sind nun etwa 17 Jahre alt, und unser größter Wunsch besteht nun darin, so schnell wie möglich erwachsen zu werden, selbständig entscheiden zu können und niemals mehr andere um Erlaubnis fragen zu müssen.

Wir wollen uns befreien von dem Druck, den die Erwachsenen auf uns ausüben.

Wir haben keine Lust mehr, uns immer sagen lassen zu müssen, was gut und was schlecht für uns ist.

Unser Geist rebelliert.
Rebelliert gegen die Erwachsenen, die immer alles besser wissen und die Weisheit gepachtet haben, die uns Jugendliche ihre Überlegenheit immer und immer wieder spüren lassen.

Welch ein Druck lastet da manchmal auf unserer Seele. Ohnmacht, Ratlosigkeit und Wut, sich nicht wehren zu können, wenn man von den Erwachsenen hört: „Lern du erst mal was Anständiges, dann kannst du mitreden".

Die meisten Entscheidungen in diesem Alter fällen wir mit dem Bauch. Wenn die Schwingung stimmt, hören wir freiwillig ohne Zwang, auf das, was uns mitgeteilt wird. Auf Androhungen dagegen, leere Versprechen und die Worte: „Du mußt", reagieren wir empfindlich, sie blokkieren unseren Verstand.
Diese Blockade können wir zum Teil nicht mit unseren Gefühlen in Einklang bringen, denn unser Urwissen signalisiert uns andere Weisheiten als die Realitäten, mit denen wir plötzlich konfrontiert werden.

Haben wir angefangen ganz mutig zu sagen „Ich will es aber nicht so", spüren wir ziemlich schnell die Macht der Erwachsenen und unsere Ohnmacht.
Obwohl, selbst einmal in dieser Situation gewesen, begegnen uns die meisten der Erwachsenen in der Pubertät mit Unverständnis und Arroganz.

Oft wird dann die Entscheidung durch den wohl bekannten Satz: „Du sollst es doch schließlich einmal besser haben als ich" - begleitet, der im Jugendlichen gleich wieder das schlechte Gewissen aufkommen läßt - schließlich trägt er mit seiner Anwesenheit ja dazu bei, daß der Erwachsene es nicht so gut hat.

Vor unserer Inkarnation haben wir unser Leben bereits ausgesucht, und jeder wird für seine Seelenentwicklung seinen Weg finden.

Ob wir diesen Weg jedoch direkt beschreiten oder einen Umweg machen, bleibt uns überlassen, wir erreichen auf jeden Fall unser Ziel, das wir uns, als wir uns dieses Leben aussuchten, gesetzt haben.

Also lassen Sie sich auf Ihrem Weg nicht durch andere und deren gut gemeinte Ratschläge beeinflussen. Machen Sie Ihre eigenen Erfahrungen.

Das „Du mußt das so und so machen" brauchen Sie nicht, wenn Sie sich selbst und Ihrem Urwissen vertrauen.

Vertrauen Sie sich selbst, denn unser Schöpfer gab uns den freien Willen, und jeder Mensch, der geboren wird, hat die gleiche Ausgangsposition, nämlich:

Mit dem ersten Schrei die eigene Persönlichkeit zu entfalten.

Wandeln Sie Ihre Zwänge, egal ob von innen oder außen gesetzt, ins Positive um. Bitten Sie bei solchen Gesprächen, das „Muß“ in einen guten Rat umzuwandeln. In Darlegungen von Beispielen oder Erfahrungswerten oder erkannten Fehlern, aus denen andere bereits gelernt haben.

Was müssen wir nicht alles bewältigen, bis wir volljährig sind?
Schulabschluß, Berufsausbildung.
Wie alt Sie auch immer sind, es gilt immer der Grundsatz: Sie haben das Recht, glücklich zu sein.
Und Sie werden glücklich sein, wenn Sie es zulassen. Und zulassen heißt: Öffnen Sie Ihre Chakren!

Öffnen Sie Ihr Herz!
Begegnen Sie allen mit Liebe und wägen Sie ab, was für Sie persönlich das Beste ist.

In unserer Gesellschaft ist der Lebensabschnitt Berufsausbildung und Beruf von entscheidender Bedeutung.
Wenn Sie noch Zwänge in sich haben und denken:
„Ich durfte ja nie", zum Beispiel das erlernen, was ich gerne wollte, so halte ich Ihnen jetzt entgegen:
„Wer verbietet Ihnen denn heute, neu anzufangen?"
In jedem Augenblick können wir neu anfangen.
Sie müssen dabei natürlich auch abwägen, ob Sie wieder neu beginnen w o l l e n.

Jeder ist seines Glückes Schmied, heißt es im Volksmund. Und der hat mit dieser Weisheit nicht unrecht. Oft kommt es in dieser materiellen Welt auf den Verzicht an.
Es geht darum, die kleineren Brötchen zu backen.

Jeder von uns möchte glücklich sein.
Suchen Sie Ihr Glück. Denn letztendlich wird Ihnen irgendwann bewußt:

So nackt wie wir geboren wurden in diese Welt, so nackt gehen wir wieder zurück in die anderen Sphären, wo Materie gegenstandslos ist.

Aus vielen Inkarnationsforschungen habe ich erkannt, daß es unser Ziel hier auf Erden sein soll, lichter zu schwingen, damit Sie, wenn Sie in die anderen Sphären zurückgehen und dabei die Schönheit Ihrer Seele erstrahlt, Sie in eine höhere Schwingung der Ebenen gebracht werden. Und das sollte das Ziel sein - Ihr Ziel sein.

Erkennen Sie den Sinn?
Das Rad des Lebens zur Ewigkeit.

Die Gnade, die Ihnen zuteil wurde, hier auf Erden zu inkarnieren, um Ihre eigene Persönlichkeit in Ihrer Seelenreise durch Erfahrungswerte zu entwickeln und die Seele dadurch reifen zu lassen.

Ist es nicht ein wunderbares Geschenk Gottes, zu erkennen und aufzuarbeiten?

Arbeiten Sie Ihre Blockaden auf. Jeder Tag hat einen neuen Anfang.

Es gibt viele, viele Entwicklungsstufen in unserem Sein. Zum Beispiel unser erstes tiefes Gefühl.

Sie sind zuerst in den Vater oder die Mutter verliebt, in die Kindergärtnerin, den Lehrer oder die Lehrerin.
Gehen Sie einmal gedanklich den Weg zurück. - Waren Sie auch so verliebt?
Und was kam dann? Die erste Schulfreundin oder ein Freund?
Heimlichkeiten, Verstecken, nichts sagen dürfen und wollen?

Vielleicht lächeln Sie jetzt, wenn Sie aus heutiger Sicht daran denken.

Irgendwann war das dann gegenstandslos, denn die weitere Öffnung Ihrer Chakren und das Erkennen ist immer stärker geworden.

Das erste tiefe Gefühl, Verlangen, Wollen. Der Wunsch nach einer ständigen Zweisamkeit wächst.
Diese Wünsche und dieses Wollen lassen sich nicht nach dem Alter einstufen.
Es beginnt schon mit dem ersten Schrei.

Ich fange mit dem ersten Schrei an zu senden. Ich sende aus: „Wo finde ich jemand, wo ist jemand?“
Wir suchen. Viele Wege gehen wir, bis wir finden.
Warum?

Sie können dann erst finden, wenn Sie sich selbst gefunden haben. Wenn Sie wissen, was Sie wollen und was Sie glücklich macht.

Hier ein bißchen und dann noch dort oder dort. - Dieses Prinzip macht Sie nicht glücklich.

Sollten Sie einen Druck in sich verspüren, dann aktivieren Sie bitte Ihre Chakren, Ihr Unterbewußtsein, und senden Sie in die Weite des Universums, damit Sie klar erkennen können:
„Was will ich? Wer bin ich?

Was Du willst -
Du mußt nur daran glauben -
Dann wirst Du es haben.

Harmonisierung der Lebensenergie über die Wirbelsäule

Setzen Sie sich auf den Boden.

Achten Sie darauf, daß Ihre Wirbelsäule gerade aufgerichtet sind. Jetzt entspannen Sie sich.

Legen Sie bei dieser Übung alles, was Ihnen Sorge und auch Freude bereitet aus Ihrer Gedankenwelt ab. Stellen Sie sich jetzt bitte vor, Sie sitzen in einer wunderschönen Lichtglocke.
Sie sind in Licht eingehüllt und im Schutz der Schöpfung.

Schließen Sie die Augen.

Sie öffnen in Gedanken Ihr Nabelchakra, das Wissen und ihr Halschakra, den Empfang.
Sie sehen nun geistig in Ihrem Nabelchakra ein helles, lichtes Gelb.
Sie stellen sich gedanklich auf Ihre Wirbelsäule ein.
Sie gehen also mit geschlossenen Augen an das Ende Ihrer Wirbelsäule, zum Steißbein.

Stellen Sie sich nun vor, wie Sie einen hellen Lichtstrahl voll Wärme und Liebe in Ihren letzten Steißwirbel senden, das heißt fließen lassen.
Sie gehen dann weiter mit Ihrem Lichtstrahl der Liebe die Wirbelsäule hinauf. Stück für Stück.
Gehen Sie, jeden einzelnen Wirbel in Licht einhüllend, nach oben bis zum ersten Halswirbel. Wenn Sie am ersten Halswirbel angekommen sind und ihn in Licht eingehüllt haben, bedanken Sie sich für die Heilenergie und schließen nun gedanklich Ihre Energiefelder.

Während dieser Übung sind Sie voll auf Empfang eingestellt, das heißt, Sie konzentrieren sich auf Ihrern Körper, öffnen gedanklich das Energiefeld im Halsbereich, Ihr Halschakra, den Empfang.

Sie fühlen sich hinein in Ihre Wirbelsäule und lassen einfach zu, was geschehen möchte.

Sie werden mit Sicherheit die Wärme in Ihrem Körper fühlen, wie sie langsam die Wirbelsäule vom letzten Steißwirbel nach oben bis in den ersten Halswirbelbereich hineinströmt.
Bei eventuell auftretenden Schmerzen atmen Sie bewußt in diesen Schmerzbereich hinein, um die Blockade aufzulösen.

Sie werden mit Sicherheit Wärme fühlen, die Sie kraft Ihrer Gedanken aus der Schöpfung in Ihre Wirbelsäule fließen lassen.

Diese Übung sollte nicht länger als 20 Minuten dauern.

Selbsterfahrung

Im folgenden Kapitel gebe ich Ihnen die Möglichkeit der tiefsten Gefühlserfahrung. Nach meinen Erfahrungen hat dieser Übungsprozeß oft eine letzte Ausleitung von Blokkaden im grobstofflichen Körper bewirkt. Es ist der Prozeß einer optimalen Steigerung von Energieschwingungen in eine Transformation des Loslassens.

Alles ist Schwingung. Und wir bewegen uns mit unserer Schwingung spiralenförmig in dem Magnetfeld, das wir Erde nennen.

In der langen Zeit, meiner Arbeit mit den Chakren, habe ich erkannt, daß der Fluß der Energien durch 21 aktivierte Chakren weiterfließt in eine absolute Harmonisierung von Körper, Geist und Seele durch den Erdenpunkt und den Transpersonalen Punkt im Universum.
Zwischen den beiden Punkten steht der Mensch in der Schwingungsform der Spirale.

Es ist alles Schwingung und da sich die Erdenschwingung bereits verändert und ich den Erdenpunkt und den Transpersonalen Punkt im Universum mit Nord- und Südpol gleichsetzen kann, so bedeutet das - ich schwinge eins in der Einheit Mensch, Erde, Schöpfung, als Spirale.

Was also kann mir geschehen? - Nichts![4]

Wir alle haben uns bewußt in diese Jetztinkarnation auf die Erde begeben. Wie oft fragen wir nach dem Sinn, und doch wissen wir, daß jeder von uns einen Auftrag hat.

---

4 Mehr zu dem Thema Harmonisierung der Energiefelder können Sie in meinem Buch "Die 21 Chakren – Energiefelder des Lebens" nachlesen, erschienen im Energy Video Train Verlag, Frankfurt

Wir müssen mit dem Jetzt-Zeitgeist leben. Wir müssen unseren Körper an die Magnetfelder unserer Erdenschwingung anpassen. Auch an die Veränderungen dieser Magnetfelder. Wir müssen also unser Immunsystem stabilisieren, indem wir positiv wirkend, erhaltend und in und mit der Natur leben. Wir müssen eins sein mit allen Schwingungsfrequenzen des Seins.

Dies ist nur möglich, wenn Sie alle negativen Lebensformen ablegen und eins werden in Körper, Geist und Seele mit allen Schwingungsfrequenzen des Schöpfungsprinzips.

Ihre Lebensfreude wird sich ausweiten können, wenn Sie sich positiv einschwingen in die Natur, die Erde, den Kosmos und die Schöpfung. Nichts kann Sie mehr angreifen, wenn Sie bewußt in der Natur zu sich stehen.

Harmonie, Frieden und Liebe sind die Schlüsselworte zum Training Ihrer Gedanken beim Loslassen.

Es hilft Ihnen nicht, im Jetztzeitgeist gegen den Strom zu schwimmen. Lassen Sie sich von allen fließenden Wassern tragen; denn jeder noch so kleine Bach fließt in einen Fluß. Der Fluß wird zu einem Strom, und der Strom wird zum Meer.

Also lassen wir die falschen Propheten, die immer daran festhalten, daß es ein Jüngstes Gericht geben wird. Die Worte Macht und Gier, die unseren Lebensinhalt wesentlich bestimmen, sind aus dem Logo des Menschen geformt.

Schauen Sie sich doch in der Natur um und sehen Sie diese wunderschöne Erdenform, in die wir uns inkarniert haben. Es ist unser Auftrag, all das Wunderbare zu erhalten.

Ich möchte nicht als Weltverbesserer auftreten. Aber ich weiß, daß, je mehr jeder einzelne von uns positive Gedanken in die Welt formt, desto eher können wir unsere Welt, unsere Natur in Ihrer Vielfalt erhalten.

Oft wundere ich mich, wenn ich höre, wir sollen unsere Welt, unsere Natur retten. Ich schaue mich dabei um und suche, finde da und dort ein paar Idealisten, auch ideelle Veränderungen bei den Menschen.

Aber was hilft es uns allen, wenn wir letztendlich nicht daran glauben. Wenn wir immer wieder den Gedanken formen: „Es ist ja doch alles Sinn-los."

Sie wissen ja aus den vorangegangenen Erläuterungen, daß jeder sein persönliches ICH verändern kann. Der Schlüssel dazu sind saubere Gedanken. Offenheit, Ehrlichkeit und Verzeihen sind dahinter verborgen, und diese sauberen Gedanken sind der Schlüssel zum eigenen Glücklichsein.

Wenn Sie dieses Gedankengut in die Realität Ihrer Persönlichkeit umsetzen, werden Sie in der Lage sein, eine neue Lebensstruktur für sich selbst zu finden.

Haben Sie Mut.- Fangen Sie neu an!

Es lohnt sich, glücklich zu sein und keine selbstzerstörerischen Kräfte in sich wirken zu lassen.
Die Umwandlung beginnt immer zuerst im Geist. - Sie müssen Ihre Einstellung ändern.

Trainieren Sie, schauen Sie in Ihrer Wertung das für Sie bis heute Häßlichste bewußt an.

Auch im Häßlichen liegt das Schöne verborgen.
Vertrauen Sie auf Ihr Urwissen.
Im Volksmund spricht man oft über das „gute Gefühl im Bauch.“ - Vertrauen Sie diesem Gefühl. Ihrem eigenen Gefühl.

Lassen Sie in dem Moment, wo Sie auf der Suche sind, nicht Ihren Verstand, Ihr Ratio zu. Dann ersparen Sie sich mit Sicherheit später den Satz „Ich hab's doch gewußt. Hätte ich es nur anders gemacht, so, wie ich es zuerst empfunden habe."

Oft kosten diese Wege oder besser Umwege des Erkennens Zeit, aber sie sind hin und wieder nötig für unseren Seelenreifeprozeß.

In unseren Gedankenformen ist es üblich, Illusionen aufzubauen und zu zerstören. Lassen wir unsere Illusion positiv leben auf dem Weg, auf der Suche zu unserem eigenen Selbst. Das Erkennen durch den Lichtblick aus unserem Unbewußten und dem Gespür für das Richtige, führt uns zu unserem Selbst.

Nur durch Selbsterfahrung kommen wir ans Ziel der Selbstfindung.

Auflösen gesetzter Gedankenformen

Was ist ein Gedanke?

Ein Gedanke entsteht in der Geistform und ist sofort Schwingung, die sich formt und manifestiert. Diese Schwingung erreicht alle Formen des Seins. Denn dem Gedanken sind nirgendwo Grenzen gesetzt. Alles, was sich in uns formt durch den Geist, wird zu einem Bestandteil im Universum.

So kann es sein, daß wir zum Beispiel an einem Ort ankommen, der uns unendlich vertraut ist, obwohl wir in dieser Jetztinkarnation noch nie an diesem Ort waren.

Welcher Vorgang hat hier stattgefunden?
Gehen wir einmal davon aus, daß wir in einem vergangenen Leben an diesem jetzt so vertrauten Ort, den wir wiedergefunden haben, gelebt haben.

Unsere damaligen Gedanken haben sich manifestiert und eine Schwingungsform hinterlassen. Es könnte die Gedankenform gewesen sein: „Ich habe hier so glücklich gelebt, hier möchte ich wieder leben, in irgendeinem Leben," und in Ihrem Jetztleben haben Sie zum Beispiel folgende Gedankenform freigesetzt: „Ich möchte einen Ort finden, an dem ich glücklich leben kann."

Zwei ähnliche Gedankenformen erkennen sich wieder, und rufen in Ihnen ein Empfinden hervor. Eine Erinnerung entsteht, die Sie als Ihre eigene im Jetztleben annehmen können.

Diese Gedanken sind in Ihrem Unterbewußtsein mit allen Leben verbunden. Und so geschieht die Wahrnehmung solcher Begebenheiten durch die Vereinigung der Schwingungsbereiche in Ihrem Jetztleben.

Sie können bei solchen Begebenheiten annehmen, daß Sie sich bereits in einem anderen Leben an diesem Ort aufgehalten haben.

So kann es auch sein, daß Ihnen Personen begegnen, die Ihnen absolut vertraut sind, obwohl Sie in dieser Jetztinkarnation diesen Personen und Ihren Schwingungsbereichen noch nie begegnet sind. Und doch fühlen Sie eine starke Vertrautheit.

Was ist hier geschehen?

Es könnte wie folgt abgelaufen sein.
In einem anderen Leben lebten Sie mit Menschen oder mit einem Partner harmonisch und glücklich, so daß Sie folgende Gedankenform manifestiert haben könnten. „In einem meiner anderen Leben möchte ich mit diesen Menschen oder diesem Partner wieder zusammenleben.“
Diese Gedankenform und alle anderen Gedankenformen bleiben Gegenstand im Universum, so lange, bis sie durch eine andere Gedankenform aufgelöst werden.

So geschieht es, daß solche Jetztlebenssituationen des Wiedererkennens absolut identisch sein können durch die von unserem Geist gesetzten Gedankenformen, die wir im Universum hinterlassen haben.
Oft fällt es uns schwer, dies mit unseren Verstand zu glauben und anzunehmen.

Wie oft läuft man im Leben einen Kreis und kommt zu der Erkenntnis:
„Wieso habe ich diese Situation schon wieder?
Warum mache ich immer wieder denselben Fehler?"
oder - "Warum begegne ich immer wieder solchen Situationen und Umständen, die unangenehm sind?“
Und der Wunsch entsteht: "Dies möchte ich in meinem Jetzt nicht erleben."

Diese Gedankenform, die Sie in diesem Jetzt erleben, können Sie in einem anderen Leben gesetzt haben, und sie wird nun wieder durch dasselbe Gedankenmuster mit Schwingung genährt.

Durch Ihre Jetztlebenssituation, die die gleiche Schwingung hat, verbinden sich diese Gedankenformen, werden wiederbelebt und dadurch verstärkt.

Wenn diese Ihnen unangenehm in Ihrer Jetztsituation erscheint, so praktizieren Sie folgende Übung:

Ich möchte diesen Gedankenformen nicht mehr begegnen.
Schauen Sie sich diese Situation genau an.
Formen Sie diese Gedanken, senden Sie ihn durch das Element Feuer und bitten Sie darum, daß diese Gedankenform sich auflöst.

Wiederholen Sie diesen Vorgang einige Male und Sie werden nach geraumer Zeit feststellen, daß dieses Gedankenmuster total gelöscht und damit erlöst ist.

LICHTSCHUTZ FÜR KÖRPER, GEIST UND SEELE

Stellen Sie sich mit leicht gespreizten Beinen hin, die Arme nach oben gestreckt, die Handflächen nach innen, den Kopf leicht in den Nacken gelegt, die Augen geschlossen.
Nun stellen Sie sich einen Lichtstrahl vor, der durch Ihren Körper fließt. Verweilen Sie eine kleine Weile, bis Sie die innere Stille fühlen. Dann halten Sie diesen Lichtstrahl mit Daumen und Zeigefinger fest. Die Handinnenflächen werden nach außen gedreht und berühren sich über dem Kopf.
Jetzt ziehen Sie in weitem Bogen diesen Lichtstrahl, den Sie in beiden Händen mit Daumen und Zeigefinger festhalten, um Ihren Körper bis die Fingerspitzen die Oberschenkel berühren.[5]
Dies ist der technische Ablauf. Der geistige Ablauf während des Lichtschutzes könnte folgendermaßen ablaufen. Man stellt sich, während man die Hände gen Himmel streckt einen Sonnenstrahl vor, wie er durch die Wolken bricht. Oft ist es möglich, dies sogar grobstofflich zu füh-

---

5 näheres in "Die 21 Chakren – Energiefelder des Lebens" erschienen im Energy Video Train Verlag, Frankfurt

len, indem die Handinnenflächen warm werden und sich ein leichtes Prickeln einstellt, der Energiefluß. Stellen Sie sich nun bitte vor, diese Energie aus dem Kosmos durchspült jede einzelne Zelle in Körper, Geist und Seele.

Ihr grobstofflicher Körper, Ihr Aurakörper und Ihr Kausalkörper werden dadurch gereinigt und geschützt.
Sie bauen gleichzeitig bioenergetische Spannung als Kraftfeld für Ihr tägliches Sein auf.

Der emotionale und seelische Teil dieser Übung besteht darin, daß Sie Wünsche, Bitten und Ihre ganze Vorstellungskraft hineinformen können. Zum Beispiel: „Laß es heute einen guten Tag werden“ oder „Diese Lichtenergie soll mich beschützen für meinen Auftrag, den ich heute erledigen muß, was immer es auch sei.“

REINIGUNG DER AURA

Nehmen Sie sich einen Übungspartner und setzen Sie sich auf einen Stuhl. Achten Sie darauf, daß Ihre Wirbelsäule gerade ist. Der Übungspartner steht hinter Ihnen. Sie gestatten ihm, daß er in das Magnetfeld Ihrer Aura eingreift. Er verbindet seine beide Hände etwa 20 cm vor Ihrem Halschakra entfernt. Die Fingerspitzen beider Hände berühren sich leicht, die Handinnenflächen zeigen nach innen. Er hält diesen Abstand von ca. 20 cm und zieht nun nach oben hinten über den Kopf hinweg die Aura ab.

Dieser Vorgang wird sieben Mal wiederholt. Im Anschluß daran legt der Übungspartner beide Hände auf Ihre Schultern, um zu signalisieren, daß der Vorgang beendet ist.

Sollten Sie keinen Übungspartner haben, können Sie diesen Vorgang selbst mit Ihren Händen oder mittels Ihrer Gedankenkraft vollziehen.

Zur Aura-Reinigung läßt sich folgendes sagen:
Um unseren Körper fließen sieben energetische Kraftfelder, die Ströme der Chakren, unsere Aura.
In diesem Magnetfeld können sich negative Schwingungsfrequenzen der Gedankenformen manifestieren.
Kraft dieser Übung werden Sie in der Lage sein, diese negativen Schwingungsfrequenzen aus Ihrer Aura abzuziehen.
Dadurch wird Ihre Aura lichter, feinfühliger und höher schwingend. Gleichzeitig werden Ihre Chakren sich lichter drehen, und Ihr Einfühlungsvermögen wird in einen positiven Zustand versetzt.

REINIGUNG DER AUSSTOẞCHAKREN

Der Übungspartner stellt sich links hinter Sie. Er verbindet Daumen und Zeigefinger seiner linken Hand zu einem Kreis, um selbst in seinem eigenen Schwingungsbereich geschützt zu sein. Dann nimmt er mit der rechten Hand Schwingung am rechten Schulterblatt auf, ca. 10 - 20 cm von Ihrem Körper entfernt, je nach Strahlungsintensität des Chakras.

Die rechte Hand bewegt sich dann im Schwingungsbereich des rechten Schulterblattes dreimal kreisförmig entgegen dem Uhrzeigersinn und wird dann nach hinten abgezogen. Dies wird siebenmal wiederholt.

Anschließend geht der Übungspartner mit seiner rechten Hand zu Ihrem linken Ausstoßchakra am linken Schulterblatt und verfährt wie vorher. Auch dieser Vorgang wird siebenmal wiederholt.

Das rechte Ausstoßchakra steht mit der irdischen Ebene in Verbindung, das linke mit der geistigen Ebene. Alle negativen Gedankenformen, die uns aus unserer grobstofflichen Ebene erreichen und die sich in unserer Aura festsetzen, manifestieren sich am rechten Schulterblatt. Genau dasselbe gilt für die Gedankenformen, die uns aus der geistigen Ebene erreichen, sie manifestieren sich auf der linken Seite. Alle Gedankenformen, die sich an diesen Ausstoßchakren manifestiert haben, können durch diese Übung aus der Aura abgezogen werden.[6]

In meinen Seminaren bedanke ich mich immer wieder gern bei meinen Meistern und geistigen Helfern dafür, daß sie es uns ermöglichen, mit diesen Übungen, Blockaden zu lösen und die Feinstofflichkeit mehr zu erfühlen auf dem Weg zu einem positiveren und lichtvolleren Sein, zum Überleben durch Loslassen.

---

6 näheres über die Ausstoßchakren erfahren Sie in meinem Buch "Die 21 Chakren – Energiefelder des Lebens " erschienen im Energy Video Train Verlag, Frankfurt

Reinkarnation

Jedem ist es selbst überlassen, in seinem Innersten über die Reinkarnation zu entscheiden.

Die Wiedergeburt, sowie ein Leben nach dem Tod sind grenzwissenschaftliche Bereiche. Jeder kann nur für sich entscheiden, ob er sie aufnehmen will in seine Lebensform.

Selbstverständlich, vielleicht etwas banal ausgedrückt, kam noch kein grobstofflich Toter zurück, um uns ebenfalls grobstofflich zu bestätigen, daß die Schöpfung uns die Gnade erweist, einen Beweis zu erhalten.

Gehen wir aber über diese Grobstofflichkeit hinaus in die Unendlichkeit des Geistes, so darf ich Ihnen nach den Erfahrungen, die ich in meinem Leben sammeln durfte, übermitteln, daß ich daran glaube aus der Überzeugung heraus, daß in diesem Universum nichts verlorengeht, daß der Geist wieder beseelt werden kann und daß so eine

Reinkarnationsform wiederum in diesem universellen Sein entsteht.

Ich betrachte es sogar als Gnade, durch diese stetige Wiederkehr, Seelen- und Geiststrukturen zu durchleben, in eine Reinigungsform zu gelangen, damit unsere Lichtschwingung sich so weit läutert, um in das absolute Licht allen Seins, in die Schöpfung einzukehren.

Diese Erkenntnisse sind meine persönlichen Erfahrungswerte. Selbstverständlich stelle ich auch jedem frei, wenn es für ihn zu absurd ist, die vorangegangenen Gedanken aufzunehmen, sich für das Wort:

Erde zu Erde
Staub zu Staub

zu entscheiden.

HOFFNUNG

In vielen Religionen wird man mit dem Satz begleitet:

Mit dem Tod beginnt das Leben.

Daraus entsteht für viele Menschen die Schlußfolgerung:
„Dies kann doch nicht alles sein......

Doch möchte ich Sie anregen, falls Sie in Ihrem grobstofflichen Jetztleben einen Ihnen liebvertrauten Menschen bereits begraben mußten, einmal darüber nachzudenken, welch wunderbare Hoffnung es für Sie, den Hinterbliebenen ist, ihn wiedersehen zu können in einer Ebene des Seins der Lichtschwingung.

Lassen Sie diese Worte in sich wirken.
Welche Hoffnung ist Reinkarnation?
Wiedergeburt?

Wieder ein neues Leben?
Lebensziele!
Lebensfreude!
Bewältigungen, Situationen, Aufgaben,
Herausforderungen .....

Oder das Bewußtsein, daß Sie in Ihrem Jetztleben schon für ein nächstes Leben positive Gedankenformen aufbauen, ja sogar bereits formen können, so z. B.: In welches Land oder in welchen Erdteil Sie als nächstes inkarnieren wollen. Welche Partnerschaft oder welchen Lebensstandard Sie haben wollen.

Alles, aber auch alles, ist als Gnadenweg der Schöpfung zu erkennen, den wir in unserer Weiterentwicklung durch die Reinkarnation der Leben gehen können.

Die Freiheit, ob Sie als Mann oder Frau inkarnieren wollen, alles stellt Ihnen die Schöpfung frei - auf der Reise zurück in das absolute Licht unseres Ursprungs.

Abschließend möchte ich Ihnen bei diesem und dem vorangegangenen Thema noch einmal bewußt machen: Mit der Reinkarnation beschreiten Sie einen Weg, Gedankenformen, die Sie aus Ihrem Ursein haben entstehen lassen, umzuwandeln vom Negativen ins Positive.

Jene Gedankenformen, die zerstörerische Kräfte besitzen, durch Erkennen und Aufarbeiten in positive Lichtschwingung zu transformieren,ermöglichen es uns, höher und lichter zu schwingen.

Selbstfindung

Wie erkenne ich den Weg auf der Suche nach dem Sinn meines eigenen Lebens?

Was ist mein Lebensziel?
Was ist mein Lebensauftrag?
Was soll ich tun, worin finde ich Lebensfreude?

Wievielen Jugendlichen bin ich schon begegnet, bei denen ich den Satz aufnahm: „Ich weiß nicht was ich tun soll. Ich sehe keinen Sinn. Jetzt habe ich meinen Schulabschluß, ich weiß nicht, was ich damit soll".

Vielleicht erging es Ihnen auch so. Ratlos, suchend. Unsere Eltern, auch unsere Lehrer und andere, bei denen wir diese Gedanken äußern, fühlen sich dann oft sofort verpflichtet, bei uns, die ihrer Meinung nach erkannten Begabungen darzulegen und zu sagen, erlerne diesen Beruf oder gehe diesen Weg oder da bist du stark.

Je mehr Sie fragen, desto mehr Ratschläge und Antworten bekommen Sie auf Ihrer Suche.

Letztendlich wissen Sie immer noch nicht, was Sie tun sollen.

Was soll ich werden,
was fange ich an nach diesem Lebensabschnitt?
Es stellt sich die Frage: Beruf oder Berufung.

In unserer heutigen Gesellschaft werden jene Berufe bei der Berufswahl bevorzugt, mit denen man später oder gleich am meisten Geld verdient, denn das Wort Geld ist gleichzusetzen mit dem Wort Macht.
So steht es in unserer Gesellschaftsstruktur geschrieben:
„Hast du Geld, hast du Macht."

Wie viele kenne ich, die bereits alles besitzen, und man könnte annehmen, sie haben alles, sie müßten doch glücklich sein.

Ihre Ideale über alles zu stellen.

Bitte wägen Sie für sich ab, was mehr Lebensfreude bringt: Ein fröhliches Lachen, den Druck und Kampf loszulassen oder die Gedanken, ich habe Macht, die Macht des Geldes.

Überdruß ist mit Sicherheit dann der Lebensinhalt. Alles zu haben, ohne Ziel - welch ein inhaltloses Leben!
Wie wandle ich um, wie erreiche ich die Mitte, die Ideale in meiner Mitte für ein glückliches Leben?
Wenn Sie dabei erkannt haben: "Auch ich möchte in meinem Leben etwas ändern". So darf ich Ihnen das Wort „Verzicht“ nahebringen.

Muß ich denn alles haben?

Zum Beispiel: Ich bin unglücklich in meinem Beruf, ich möchte so gern etwas anderes tun, aber wenn ich das andere tue, dann habe ich nicht mehr so viel Geld.

Innerer Druck, Ihre Gedanken, Ihre Sehnsucht, ja alles frißt Sie fast auf, so daß Sie den Schmerz schon körperlich fühlen.
Mein Gott, ich möchte ein anderes Leben!

Hallo! Hallo, Sie liebe Leser, stehen Sie auf, sagen Sie laut zu sich selbst:

„Ich kann mein Leben anders formen und ich will!“

Nehmen Sie sich nun ein leeres Blatt Papier, machen Sie Bilanz.

Schreiben Sie auf:

SOLL HABEN

dazwischen ziehen Sie einen Strich.

Viel Erfolg!

Überleben

In den vorangegangenen Kapiteln legte ich Ihnen meine Erfahrungswerte über das Leben in der Natur dar - und bot Ihnen, wie ich hoffe, auch einige hilfreiche Übungen zum Loslassen.

In diesem Abschnitt geht es darum, tiefe eigene Erfahrungen aus der Sicht der Grenzwissenschaft näher zu beleuchten.

Überleben in der Esoterik.

Esoterik
- das Wort klingt für viele negativ, hat einen schlechten Beigeschmack.
Wir verbinden damit meist weltfremde Spinner, weit entfernt von jeglicher Bodenständigkeit.

Esoterik - das Wort, das für mich, die ich seit 35 Jahren in der Esoterik lebe, „an die Grenzen gehen" heißt, ist in der Gesellschaft abgenutzt und in eine solch negative Ecke

gestellt, daß es oft von dem Satz begleitet wird:
„Ach, laßt mich doch mit diesem Zeug in Ruhe."

Die Medien sind in ihrer Berichterstattung stets darauf aus, sich die Schausteller der Esoterik herauszusuchen.

Genau die, die man gezielt als Komödianten entblößen kann. Recht haben die Medien - denn es sind bedauerlicherweise schon zu viele Schausteller der Esoterik auf der Bühne.

Machtgierig und geschickt im Formulieren ziehen sie Massen von Suchenden auf Ihre Seite. Sie nehmen hilflose, hilfesuchende Menschen so in Beschlag, daß diese oft mit offenem Mund an den Lippen der sogenannten Esoteriker hängen und letztendlich (und leider erst ziemlich spät) merken, daß es diesen angeblichen Erleuchteten und Weisen einzig und ausschließlich nur um den Geldbeutel der Betroffenen geht.

Diese Ihnen sicher hart erscheinenden Worte niederzuschreiben ist für mich sehr schwer.

Wir alle sind auf der Suche. Und - wir alle sind Esoteriker. Vielen ist es nur nicht bewußt.
Ich hoffe, daß Sie beim Loslassen in Ihr Inneres schauen.

Vielleicht spüren Sie, gerade so wie ich jetzt, dieses Gefühl - ICH BIN.

Dieses ungeheure Lebensgefühl - die Sonnenstrahlen, den Wind, den Regen auf der Haut zu spüren, zu atmen, zu weinen, zu lachen.

Was ist nun aber an den Schlagworten:
Esoterik, Grenzwissenschaft dran?

Es beschäftigen sich ja zahlreiche Menschen mit diesem Thema.

Mein Leben ist durch die Naturheilkunde geprägt.
Ich arbeite und bin aktiv in der Natur, mit der Natur und aus der Natur heraus.
Aus diesem Sein heraus fand ich die Grenzwissenschaft und in Verbindung damit das Wort Esoterik - unterstützt auch durch mein persönliches Schicksal.

Es ist Karma - es ist Schicksal, es ist eine Gnade des Schöpfers, zu erkennen, was ich in meiner Seelenstruktur aufarbeiten muß.
Und dieses Karma finde ich auch beim Loslassen, auf der Suche nach meinem ICH.

Im Laufe unseres Lebens gehen wir viele Irrwege.
Sie müssen sein - auch wenn es für uns beschwerlich und oft ausweglos erscheint.
Dadurch reifen und erkennen wir unseren Weg.

Und so gebe ich meinen Schülern, die mich wieder und wieder bei Vorträgen und Seminaren nach ihrem Weg fragen, den Rat:
„Geht gedanklich in euer Herzchakra. Öffnet es so, daß die Schwingungen aus eurem Herzen sich ausweiten können. Ihr fühlt dann in eurem Körper ein warmes Gefühl, ausgehend von der Herzgegend."

Vertrauen auch Sie diesem Gefühl - Ihre Meister und geistigen Helfer führen Sie.

Haben Sie den Mut, sich auf Ihr Inneres zu verlassen.
Sie sind frei, frei in Ihren Gedanken.
Frei in Ihrem Handeln, in Ihrem Sein.
Sie müssen den Mut aufbringen zu handeln - stehen Sie auf, wenn Sie sich irgendwo unwohl fühlen. Stehen Sie auf. Sie können, Sie dürfen gehen. Dies ist ein Schritt zum Loslassen und zum Finden Ihrer persönlichen Freiheit.

Esoterik ist Grenzwissenschaft, ist die Wissenschaft der Liebe zur Schöpfung.

Immer wieder muß ich erleben, daß Suchende durch die Machtgier derer, die vorgeben, positiv zu wirken, und mit energetischen Strömen arbeiten, benutzt werden und so leergesaugt werden, daß sie meist bis an ihre physische Grenze kommen.

Bei einem Vortrag, in einem Saal mit rund 200 Personen, erlebte ich folgende Situation:
Der Redner stellte sich am Ende der Veranstaltung den Fragen der Anwesenden.
Ein junger Mann fragte: „Können sie meinen Meister fragen, warum ich beim Verkehrsunfall den Arm verlieren mußte."

Spontan antwortet der Redner:
„Sie waren in ihrem letzten Leben ein Scharfrichter, haben Menschen die Köpfe abgeschlagen - jetzt ist es ihr Karma, daß sie ohne Arm leben müssen."

Der Betroffene konnte und durfte keine weiteren Fragen mehr stellen. Er wurde mit dem Bewußtsein allein gelassen, ein Mörder zu sein, unzählige Menschen getötet zu haben.

Was glauben Sie geht in solchen Momenten im Kopf des Fragenden vor sich?

Können Sie sich in solch eine Situation hineinfühlen?

Ein weiters Beispiel:
Ein Referent wurde von einer jungen Frau gefragt: „Warum bekomme ich keine Kinder?"

Eine ganz schnelle Antwort war auch diesmal parat und ließ die ohnehin schon verzweifelte Frau vollkommen in sich zusammenbrechen. „Du hast im letzten Leben drei Kinder ertränkt."
Die Frau sank auf ihrem Stuhl zusammen. Der Redner ließ sie allein.

Ich habe kein Recht zu werten, möchte es hier auch nicht tun. Aber manchmal frage ich mich, ob diese sogenannten Esoteriker wissen, was KARMA ist.

Ich wollte Ihnen mit diesen Beispielen klarmachen, immer bewußt zu denken.

Fragen Sie sich doch einmal, ob Sie in Ihrem Bewußtsein so stark sind oder sein würden, solch eine hingeworfene Antwort zu verarbeiten?

Ein großer Auflauf, viele Leute, ein großes Medium - jeder hat die Hoffnung, geheilt zu werden. Ich weiß, alle Hoffnung beginnt zuerst in uns, aber in der Verzweiflung können viele das nicht erkennen.

Die Menschen, ständig durch die Medien mit den unglaublichsten Meldungen über Sensationen und Wunder gefüttert, können nicht genug bekommen von den „Wundertätern" - sie wollen selbst dabei sein bei den Wunderheilungen, wollen selbst wie durch ein Wunder geheilt sein von allem Belastenden, von allem Krankmachenden.

Doch wie lange halten solche „Wunderheilungen" an?
Eine Stunde, einen Tag, ein Jahr - für immer?
Schließlich sind diese „Wunderheilungen" ja immer unter dem Einfluß einer die „Szenerie" beherrschenden Persönlichkeit geschehen.

Und es nützen die besten Wunderheilungen nichts, wenn sich die Gedankenmuster des Betroffenen nicht ändern. Denn jede Krankheit hat eine seelische Ursache, und die Seele wird vom Geist gespeist, und wie Sie aus den vorangegangenen Themen wissen, entsteht die Gedankenform im Geist.

Ich spreche nicht von Kraftorten der Erde, denen man heilende Wirkung nachsagt und die auch von der Schulmedizin und der Wissenschaft anerkannt sind.
Ich spreche von „esoterischen Wunderheilern". Lange suchte ich den Weg des Erkennens - bis ich schließlich da angelangt bin, wo Sie sicher in Ihrer Erkenntnis jetzt auch sind:
Alles ist Schwingung, ständig in Bewegung. Wir sind Schwingung und wir sollten uns in unserer Schwingung harmonisch bewegen.

Ein drittes Beispiel:
Als ein Wunderheiler von der Bühne aus kraft seiner Gedanken die Schwingungen der Menschen in einigen Sitzreihen konzentrierte und diese Kraft auf einen im Rollstuhl sitzenden Hilfesuchenden lenkte, erhob sich dieser und stand einen kurzen Augenblick, bevor er wieder in seinem Rollstuhl zusammensackte.

Ich machte mir die Mühe, diesen Menschen zu suchen, und ich dankte meinem Meister, daß ich ihn dann auch gefunden habe.
Ich hoffte, da ich ganz besonders in diesem Fall an ein Wunder glauben wollte, als ich bei ihm zu Hause anklopfte, daß er mir laufend entgegenkäme.
Weit gefehlt - dieses Wunder wurde an ihm nicht vollzogen.
Nur einen kurzen Moment, einen Augenblilck lang, kraft der Gedanken durch magnetische Felder hervorgerufen, die Ihnen jeder Wissenschaftler erklären kann, hatte er die Energie, aufzustehen.

In seinem Jetztzustand aber ist er noch elender - denn nun hat auch seine Seele eine Lähmung. Der Applaus des Publikums galt nicht ihm, dem „Geheilten“ - er galt einzig und allein dem „Wunderheiler“, dem Schausteller.
Viele Beispiele könnte ich Ihnen geben und sicher kennen auch Sie Schicksale von Menschen, die plötzlich wieder laufen, sehen konnten oder ähnliche, sehr unwahr-

scheinlich klingende Wunder. Und immer sind wir auf der Suche nach Erkenntnis im großen Rad des Lebens, auf der Wanderung unserer Seele im karmischen Rad.

Natürlich müssen wir Licht und Schatten erkennen. Ohne Wertung sein.

Den Weg zu höchster persönlicher Freiheit zu finden - das wünsche ich jedem, der sich auf den Weg macht und auf die Suche geht:

"Da ist noch etwas - das kann doch noch nicht alles gewesen sein."

Begeben Sie sich in Ihren Energiefeldern ungeschützt, auf solche Veranstaltungen, kann es Ihnen passieren, daß in diesem Frequenzbereich die Energien zur Machtausübung genutzt werden. Somit bedeutet dies für Sie als Ungeschützter, daß Ihre Energien benutzt werden, auch gegen Ihren Willen.

Sie funktionieren plötzlich vollkommen willenlos - gehorchen nicht mehr dem eigenen, nur noch dem fremden Willen.
Erkennen Sie, wie wichtig der in den vorangegangenen Themen angesprochene und beschriebene Lichtschutz ist?

Es gibt nur eine Macht auf Erden, und das ist die Liebe der Schöpfung.

Ich hoffe, ich habe Ihnen auf dem Weg zu Ihrem eigenen Ich geholfen, zu erkennen, daß es die Hoffnung ist, die uns den Mut gibt, weiter zu suchen und uns selbst zu finden.

Die Hoffnung auf ein Wiedersehen in der Ewigkeit des Erkennens.
Lassen Sie los!

Sollte Ihnen das Wort Loslassen zu einfach sein, so möchte ich Ihnen sagen, ich habe es schon gefühlt und erlebt und

wünsche Ihnen Frieden, Licht und Liebe.
Wenn Sie für sich das Loslassen finden, dann sehen Sie die Hoffnung und das Wissen in der Schöpfung.

Gott straft nicht - Gott liebt.

Die 21 Chakren
Energiefelder des Lebens

Wissen Sie schon, daß der Mensch 21 Chakren hat?

Die wenigsten Menschen sind sich ihrer Energiefelder überhaupt bewußt.

In Europa sind die sieben Hauptenergiefelder am bekanntesten. Eventuell kennt man noch zwei mehr - die beiden Ausstroßchakren.

Sie haben viel gelernt, viel trainiert und viel erlebt und doch spüren Sie eine Unzufriedenheit in sich. Sie fühlen mehr Energie in sich. Sie fühlen zum Beispiel, wie Hände und Füße nach energetischen Übungen anschwellen.

Sie fühlen sich über und über mit Energie erfüllt, sind von Tatendrang gepackt und wissen nicht, wohin Sie diese Energien ableiten sollen.

Unzufriedenheit, Unsicherheit, Traurigkeit, Zweifel kommen in Ihnen auf. Auch der Gedanke: „Ich habe doch alles richtig geübt und verstanden, warum schwinge ich nicht in Harmonie, warum bin ich so unzufrieden mit mir und meiner Umgebung?“

Glauben Sie mir, ich kenne dieses Gefühl nur allzu gut. Vor vielen Jahren erging es mir ebenso.
Ich wollte tun und wirken, und doch mußte ich irgendwann feststellen, daß ich energetisch staue.
Also habe ich doch etwas falsch gemacht. Aber was nur?

Ich begab mich auf die Suche.

Und ich bedanke mich bei meinen Meistern, daß sie mich nicht haben ruhen lassen und mich zwangen, auf die Suche zu gehen und immer weiter zu suchen.
Ich forschte, ich suchte.

Ich habe viel Wissen anderer Kulturbereiche studiert, und dabei wurde das Gefühl in mir immer stärker, daß die vollkommene Harmonie im eigenen Schwingungsbereich liegen muß - das sollte doch grobstofflich zu erreichen sein.

Viel Geduld habe ich aufbringen müssen. Geduld, die einem Löwen, wie ich es bin, sehr schwerfällt. Aber mein Forschen, Warten und Suchen hat sich gelohnt.

Ich bin sehr glücklich, daß ich in meinem Buch: "Die 21 Chakren - Energiefelder des Lebens", vielleicht auch etwas für Sie Neues weitergeben konnte. Die Erfahrungen, die ich gemacht habe durch die Aktivierung meiner 21 Chakren, ermutigen mich doch dazu, Sie aufzufordern, mir dies gleichzutun, Ihre 21 Chakren in absoluten Gleichklang und Harmonie zu bringen, so daß Ihnen eine Transformation in Ihre Feinstofflichkeit gelingt.
Alles, was Sie in Ihrer Grobstofflichkeit wahrnehmen ist Schwingung, und somit existent.

Wenn Sie vollkommen harmonisch in sich schwingen, werden Sie ein absolutes Glücksgefühl erleben. Sie werden erfahren, daß Sie sich einschwingen können in ein absolutes Sein, wo Zeit und Raum gegenstandslos sind.

Sie sind dann nur noch Schwingung und vollkommen in Harmonie mit Körper, Geist und Seele.

Wenn Sie diese Einheit in Körper, Geist und Seele erleben dürfen, wird Ihnen bewußt werden und Sie nehmen wahr, daß Sie einsschwingen können mit Natur, Menschheit und Universum.

Wenn es uns gelänge, daß alle eins schwingen, alle, die jetzt inkarniert sind in dieser Erdenstruktur, so käme dies einer Lobpreisung des Schöpfers gleich.
Und so ist es ein Weg und kann es ein Weg sein, über die Aktivierung der 21 Chakren mit sich und allem Frieden zu schließen.

Die Lebensenergie des Schöpfers in sich zu fühlen, ist der ewige Kreislauf der Unendlichkeit.

Wir sind unendlich.

Dieses energetische Kraftpotential, aus dem Sie durch die Harmonisierung der 21 Chakren schöpfen können, wird Sie in Ihrer Grobstofflichkeit höher und lichter schwingen lassen und es Ihnen somit ermöglichen, daß Sie Ihre Jetztzielsetzung erkennen und die täglichen Herausforderungen, die Sie sich in Ihrer Jetztinkarnation ausgesucht haben, leichter bewältigen lassen.

Versuchen Sie es!

Aber lassen Sie sich Zeit dabei. Überstürztzen Sie nichts. Gehen Sie Stufe für Stufe. Ich versichere Ihnen: Es ist ein lohnendes Ziel, eins zu sein mit den Schwingungsbereichen der Erde, des Universums und der Schöpfung.

Sie werden zur Spirale. Zur Spirale des Lebens.
Wir bewegen uns spiralförmig in unserer Schwingung. Sie sind Spirale, alles in diesem Universum ist in der Schwingungsfrequenz einer Spirale.

Dieser Erfahrungswert , die 21 Chakren zu aktivieren, den ich seit Jahren mit vielen Suchenden praktiziere, zeigt Ihnen Ihren Weg und öffnet die Tür zur Selbstfindung.

Nun zum Hintergrund meiner Arbeit mit der Spirale:

Die Spiralenform ist in jeder Zelle als Informationsträger in der DNS (Desoxyribonukleinsäure) als Doppelhelix enthalten. Diese kleinste Einheit Zelle, soll sich mit ihrer Spirale einschwingen in das Urprinzip der Schöpfung.

Bringen Sie Ihre 21 Chakren, das heißt Ihre 21 Energiefelder in Fluß und Sie werden fühlen, daß sich Probleme und Schmerzen auflösen.

Deutlich spürbare körperliche Reaktionen sind warme Hände und warme Füße, Elan und Wohlbehagen im ganzen Körper.

Viele Partner von Suchenden, mit denen ich in meinen Seminaren aufarbeiten durfte, melden sich nach den Übungen bei mir und sind dankbar, nicht mehr durch kalte Füße oder Hände unter der Bettdecke erschreckt zu werden.

Ich möchte noch einmal betonen, Harmonie an Körper, Geist und Seele ist ein lohnendes Ziel des Seins.

Mehr zu den 21 Chakren und ihrem Aufarbeiten im Sein finden Sie in meinem erschienenen Buch: „Die 21 Chakren - Energiefelder des Lebens.“[7]

In der Ganzheit unseres Seins ist der Körper als e i n e Zelle zu sehen und ist verbunden mit dem Erdenpunkt und dem Transpersonalen Punkt im Universum, unserer kosmischen Verbindung.

---

7 erschienen im Energy Video Train Verlag, Frankfurt

Transmentales Reiki

In der New Age Szene ist das Wort REIKI zu einem Schlüsselwort geworden.
Mich überrascht immer wieder, welch ein großer Mythos um dieses Wort errichtet wurde.
Aus vielen Gesprächen und Behandlungen tagtäglich weiß ich, daß jeder Mensch Reiki anwendet.
Wenngleich den einzelnen oft nicht das Wort Reiki an sich bekannt ist, so kennen sie doch die Bedeutung des Wortes.
Jeder Mensch tut es täglich oder sollte es tun, ist es doch das älteste Ritual der Heilung überhaupt:
Das Händeauflegen.
Hände auflegen, einen anderen Menschen berühren, sollte für jeden eine Selbstverständlichkeit sein.
Eine liebevolle Berührung, mag sie noch so flüchtig sein, kann den Berührten in eine lichtere Schwingung versetzen.
Lichtwellen, Lichtenergien werden freigesetzt.

Davon ausgehend, daß wir Licht sind und unser kosmisches, universelles Sein Licht ist, sind wir in diesem Bewußtsein hier auf Erden inkarniert. In diesem Sein erleben und leben wir, in diesem Sein steht das Wort ICH BIN .

So gab uns Jesus in seinen Botschaften weiter:

„Ich bin Licht, denn ich bin aus der Einheit der Schöpfung“

und Gott sprach in seiner Schöpfung:
Es werde Licht! Und es ward Licht. (1.Mos.3)

Nehmen wir diese prophetischen Worte zum Anlaß, uns als Wissende zu erkennen, dann sind wir Gottes Lichtträger. Und diese Lichtenergie und das Wissen dieses Seins gibt uns allen die Kraft und das Recht, aus der Natur energetisch mit diesen Lichtquellen zu arbeiten.

Ist der Mensch ohne Wertung, das heißt, in einer vollkommen neutralen Wertstellung, so ist er in der Lage, sich direkt durch seine 21 Energiefelder über den Transpersonalen Punkt im Universum an die kosmischen Lichtquellenenergie der Schöpfung anzuschließen.

Er ist somit Kanal, durch den Lichtenergie der Schöpfung fließt. Denn die Schöpfung ist Licht und wir sind aus der Schöpfung.
Aus diesem energetischen Zustand heraus ist also jeder Mensch in der Lage, Arbeiter des Lichtes zu sein. Durch die Berührung seiner Hände übermittelt er über seinen Transpersonalen Punkt im Universum und seine energetischen Felder, den 21 Chakren, Lichtenergie aus der Schöpfung und kann sie zentralisiert in die energetischen Bereiche eines Körpers fließen lassen.

Energiefelder können durch Lichtarbeit aufgefüllt werden, indem Sie Hände auflegen und Farben in die Aura visualisieren.

Vertrauen Sie dem Energiefluß der Schöpfung, mit dem Sie über den Transpersonalen Punkt im Universum verbunden sind.

Der Energiefluß kann sich z. B. durch Kribbeln in der Handinnenfläche oder durch Anschwellen der Hände äußern.
Wenn in den Händen der Druck nachläßt, dann können Sie sich darauf verlassen, daß die Energie aufgefüllt ist und der harmonische Energiefluß wieder hergestellt ist. Vertrauen Sie darauf!

Denn das Wunderbare an der Schöpfung ist die ihr innewohnende Liebe.

Schöpferisch zu sein aus den Quellen der Natur, bringt viele Suchende dahin, zu erkennen, wie groß die All-Liebe Gottes ist.

Sie können transmentales Reiki anwenden, wenn Sie sich bewußt machen, daß Sie den Menschen, den Tieren, den Pflanzen, der Erde und dem ganzen Universum heilende Energien in Form von Licht senden können, weil Sie Kanal sind.
Wie ein Wunder erscheint es uns oft, wenn wir unsere Hände zum Beispiel auf ein krankes Körperteil legen und der Hilfesuchende plötzlich bestätigt, die Schmerzen lassen nach oder sind sogar ganz verschwunden.

Oder wenn Sie Ihre Hände einem Menschen auflegen und er Ihnen sagt: „Ich fühle jetzt richtig, daß ich mehr Energie habe.“

Legen Sie bei Kindern, die ihre Aggressionen oft unterdrücken müssen und nicht loslassen können, Ihre Hände auf und zeigen Sie dem Kind, daß Sie keine Berührungsängste haben, daß Sie noch Zeit haben für Berührungen.

Die Energien aus der Schöpfung sind unendlich, heilend und wirkend.

Viele Beispiele könnte ich Ihnen noch aufzählen, aber das Wichtigste für mich ist, nicht mehr zu hinterfragen, wie so etwas wirkt und geschehen kann.

Der Glaube an die Natur läßt mich Demut üben. Demut, die ich durch diese Arbeit in der Schöpfung gefunden habe.

Denn Gott ist nicht kontrollierbar, er verteilt auch nicht stückchenweise seine Liebe, sondern er gibt sie uns allen.

Wir brauchen keine speziellen Einweihungstechniken und von Menschen vergebene Meistertitel, um die Liebe der Schöpfung zu fühlen und das Licht der Energien weiterzugeben.

Positives Denken

In allen Religionen wurde den Menschen die selbe Botschaft hinterlassen:

Positiv denken.

Viele unserer Mitmenschen sind auf der Suche, auf einer Wanderung. Einer Völkerwanderung mit dem Ziel, den Urstamm wiederzufinden.

Wie verletzend, wie zerstörerisch sich das auf unser Erdensystem auswirkt, muß ich Ihnen nicht näher erklären. Wir erleben es ja tagtäglich im Jetzt.

Und doch ist uns gleichzeitig bewußt, daß wir im Innersten unseres Seins zur Rettung dieser unserer Erde beitragen wollen.
Eine der vielen Möglichkeiten zur Rettung der Erde ist das positive Denken. Sie sollten sich immer bewußt sein, daß ein bereits geformter Gedanke Gegenstand in dieser Materie, in dieser Schwingungsfrequenz wird.

Sie müssen nicht einmal das gesprochene Wort in Betracht ziehen, bereits das gedachte Wort ist die vollzogene Schwingung.

Wenn Sie also mit den Chakren arbeiten, sollten Sie immer berücksichtigen, daß Senden und Empfangen eins ist.

Sie persönlich, in Ihrer Schwingungsfrequenz, empfangen immer zuerst Ihr gedachtes Wort. Alles, was Sie denken, empfangen Sie zuerst. Das bedeutet auch, daß Sie sich mit Ihrem eigenen negativen Gedanken zuerst bestrafen, bevor die Schwingung aus Ihrem energetischen Bereich heraus zu einem anderen Menschen übermittelt wird.

Wenn Sie beim Aufarbeiten und in Ihrem Selbstwertgefühl dies erkannt und am eigenen grobstofflichen Körper verspürt haben, wird das Umwandeln in ein positives Denken mit Sicherheit sehr leicht fallen. Und Ihnen wird bewußt werden, daß man es nicht nötig hat, sich selbst mit seinen eigenen schlechten Gedanken zu bestrafen.

Positives Denken gehört also mit zu den Trainings- und Übungsprogrammen der vorangegangenen Seiten.

Nehmen Sie sich die Zeit und die Stille innezuhalten. Sie müssen sich selbst finden und sich positiv wahrnehmen - in allen Gedankenformen, die in Ihnen und aus Ihnen strömen.

Dazu bedarf es intensiven Trainings, kraft Ihrer Gedanken die energetischen Ströme, Ihre 21 Chakren als Spirale frei und ohne negative Schwingungsfrequenzen zu halten und ist jeden Tag erneut eine Herausforderung.
So ist also jeder Mensch, der in der Erdenschwingung dieses Planeten in seiner Spirale harmonisch schwingt, in der Lage, in die Spirale des Lebens, allen Seins einzuschwingen.

So denke ich positiv und wünsche mir von Herzen, daß es Ihnen gelingt, in Frieden und Harmonie einzuschwingen in die Spirale allen Lebens.

Eins zu sein in Universum, Erde, Mensch ist für mich positives Sein und Wirken im großen Schöpfungsplan.

Ich hoffe, ich konnte Sie mit meinen Lebenserfahrungen und mit den Erfahrungen meiner Praxis inspirieren. Sie resultieren nicht zuletzt aus dem immer wieder neuen Erfahrungsaustausch beim Lehren und in meinen Seminaren sowie dem unendlich positiven und kreativen Suchen und Forschen mit meinen Freunden und dem Forschungskreis im Mikro- und Makrokosmos.

Der Informationsradius aus dieser Forschung und die Übermittlung aus der geistigen Welt, aus den vielen Transformationen sind ein nie endender Fluß der Erkenntnisse auf der Suche nach dem Weg

ICH BIN.

Nachwort

Mein Dank für all die Worte, die hier geflossen sind, gilt der geistigen Welt und der Liebe der Schöpfung, daß ich sein darf.

Danke an Hanne Grym und Franz Zügner, die den technischen Teil ins rechte Licht setzten.

Danke an Hilma Wiedenbruegge für das Überarbeiten und Lektorieren.

Danke an Andrea Moser für den Einsatz und das Arrangement.

Danke an meine Patienten und Seminarteilnehmer für die Unterstützung bei den Übungen, sowie meinem Forschungskreis in Mikro- und Makrokosmos.

Danke für die Motivation meiner Mitarbeiter und meines Sohnes.

Notizen

Die Schwingungsfrequenz für den Körper:

Diese Produktreihe umfaßt 3 Musikcassetten, die Ihnen ein Entspannen, Reflexen und Loslassen auf der Basis von Autogenem Training zur Streßbewältigung ermöglichen.

Knochensystem

Diese Musik holt alle alten Verkarstungen, Verschlackungen aus der Tiefe heraus und mit der 2. Seite dieser MC wird dieses Lösen noch unterstützt durch die von Marianne Uhl geleitete Meditation.

Musikcassette 60 Minuten: 1. Seite Musik
2. Seite Musik mit Sprache

ISBN 3-930255-03-0

DM 29,—

Verdauungssystem

Mit Hilfe der zweiten Musikcassette wird dieser Prozeß fortgesetzt, indem der Körper die losgelösten Schlacken verdaut, aufarbeitet und ausscheidet. Dies ist notwendig, da sonst die gelösten Schlacken im Körper kreisen und wiederum irgendwo deponiert würden.

Musikcassette 60 Minuten: 1. Seite Musik
2. Seite Musik mit Sprache

ISBN 3-930255-04-9 DM 29,—

Lymphsystem

Die endgültige Reinigung findet dann mit der dritten Musikcassette statt, die über das Lymphsystem ausleitet und außerdem über diesen Bereich die körpereigene Abwehr wieder aufbaut und dadurch zur Harmonisierung des ganzen Körpers beiträgt.

Musikcassette 60 Minuten: 1. Seite Musik
2. Seite Musik mit Sprache

ISBN 3-930255-05-7 DM 29,—

Diese Schwingungsfrequenzen sind nicht nur irgendeine Musik, sondern im wahrsten Sinne Arbeitsinstrumente, um mit dem eigenen Körper besser und liebevoller umzugehen und krankheitsauslösende Situationen besser wahrzunehmen und sich ihnen bewußter zu stellen.

Alle Produkte ohne Subliminalsuggestion!

Das Trainingsprogramm für Geist und Seele:

Diese Produktreihe umfaßt ebenfalls 3 Musikcassetten, deren Schwingungsbereiche unterstützend im Bereich Sehen, Verstehen und Aufarbeiten wirken.

Reinkarnation

Begleitet Sie auf eine Reise in Ihre Vergangenheit. Erforschen Sie Ihre Urängste und versuchen Sie diese aufzuarbeiten. Lernen Sie aus der Vergangenheit und nutzen Sie diese Erkenntnisse für Ihre Zukunft.
Eine Reise, die Sie herausfordert, alle Grenzen hinter sich zu lassen und neue, alte Welten zu erleben.

Musikcassette 60 Minuten: 1. Seite Musik
2. Seite Musik mit Sprache

ISBN 3-930255-06-5 DM 29,—

Astralreise

Ist ein Wegbegleiter für außerkörperliche Erfahrungen.
Unbekannt und doch vertraut, neu und doch wissend, sind diese Schwingungsfrequenzen ein Entdecken und Wiederfinden von Welten aus der Unendlichkeit. Ausgeglichenheit und Frieden erfahren Sie mit der Astralreise.

Musikcassette 60 Minuten: 1. Seite Musik
2. Seite Musik mit Sprache

ISBN 3-930255-07-3 DM 29,—

Ruf der Natur - Der Wald -

Begleitet Sie durch Wälder, die Ihrer Phantasie entspringen. So natürlich und lebendig, wie man sie heute kaum noch antrifft. Die Klangbilder werden Sie verzaubern. Begeben Sie sich gedanklich auf Pfade, auf denen vor Ihnen noch niemand gegangen ist. Ein Wald voller Vertrauen und ohne Geheimnisse. Öffnen Sie Ihre Energiezentren und werden Sie „Eins" mit dem Wald.

Musikcassette 60 Minuten: 1. Seite Musik
2. Seite Musik mit Sprache

ISBN 3-930255-08-1 DM 29,—

Schon alleine das Abenteuer, sich auf die Musik einzulassen, sich eine halbe bis eine Stunde Zeit zu nehmen, sich so wichtig zu sein, kann der Anfang zu einem besseren Wohlbefinden, zur Selbsterfahrung sein, für ein harmonisches Sein.

Alle Produkte ohne Subliminalsuggestion!

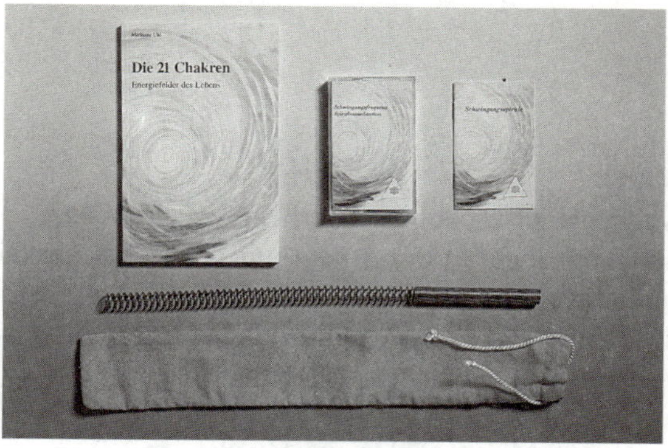

Die 21 Chakren - Energiefelder des Lebens

Hier beschreibt die Autorin Marianne Uhl auf 160 Seiten die Verbindung der 7 Hauptchakren zu den insgesamt 21 Chakren des Menschen, den Energiefeldern des Lebens.

ISBN 3-930255-00-6 DM 24,80

Spiralenmeditation

aktiviert Ihre 21 Energiefelder am Körper und unterstützt Sie bei der Harmonisierung. Ihr Körper ist mit dieser Musik in der Lage, die Spiralenschwingung zu erfühlen, ja sich sogar einzuschwingen mit den körpereigenen Selbstheilungskräften in den Rhythmus der Spirale.

Musikcassette 60 Minuten: 1. Seite Musik
2. Seite Musik mit Sprache

ISBN 3-930255-01-4 DM 29,—

CD 60 Minuten: 30 Minuten Musik
30 Minuten Musik mit Sprache

ISBN 3-930255-11-1 DM 36,—

Schwingungsspirale

Mit diesem Meßinstrument haben Sie die Möglichkeit, Schwingung sichtbar zu machen. Indem es die Frequenz Ihrer körpereigenen Schwingung übernimmt läßt Sie die Spirale erkennen, wo Ihre Selbstheilungskräfte in Disharmonie sind und es wird Ihnen ermöglicht, Ihren Energiefluß einzuschwingen und zu harmonisieren. Jeder ist in der Lage, dieses Meßinstrument zu bedienen und Erfahrungen zu sammeln für den Alltag.

Durchmesser 10 mm
Länge ca. 350 mm

ISBN 3-930255-02-2 DM 93,—

Schwingungsspiralenset

bestehend aus:
1 Buch: Die 21 Chakren - Energiefelder des Lebens
1 MC Spiralenmeditation
1 Meßinstrument Schwingungsspirale

ISBN 3-930255-10-3 DM 135,—

Dieses Set ist für alle die auf der Suche sind, Ihre Ganzheit in der Einheit zu finden, in der Einheit der 21 Chakren des Menschen. In der Einheit von Körper, Geist und Seele. In der Einheit jeder einzelnen Zelle, der Erdenchakren und der Chakren des Universums.
Ein hilfreicher Wegbegleiter, um sich selbst zu erkennen und zu erfahren.

Schwingungssinfonie No. 1
Herz-Video

Der neue Weg der Entspannung auf Video. Originalaufnahmen von der Insel Krim, dem Herzchakra der Erde.

Die Besonderheit dieses Videofilms liegt in den natürlichen und einfachen Bildern des alltäglichen Lebens, die es Ihnen in dieser Form ermöglichen mit offenen Augen in Alpha-Stellung zu gelangen.
Das Thema dieses Videos ist die Herz-Energie, die All-Liebe. Am Ende des Videos, im Kraftpunkt der Erde, erwartet Sie die Harmonie der Schwingungseinheit von Universum - Erde - Mensch.

Durch dieses Video können Sie sich selbst an das Kraftzentrum der Erde anschließen, Energien auftanken und eine Selbstfindung erfahren, die für sich einzigartig ist und Ihnen dabei hilft Blockaden im Herzchakrabereich zu lösen.

Erleben Sie Ihre innere Freiheit.
Laufzeit ca. 45 Minuten.

ISBN 3-930255-09-X DM 96,—

Chakrabilder

Diese Bilder wirken speziell durch ihre Farbschwingungen im energetischen Bereich des Körpers und erhöhen somit Ihr Wohlbefinden und Ihre Lebensqualität. Der Farbfluß wird Ihre Aura bestärken.

Alle Bilder sind von Marianne Uhl im Original handgemalt und als Kunstdrucke (30 cm x 30 cm) erhältlich.

Diese 7 Kunstdrucke, für jedes Hauptchakra eine Farbschwingung, sind auch im Set erhältlich. Die Chakrabilder lösen aufgrund Ihrer Farbschwingung Blockaden, stärken das Immunsystem und erhöhen Ihr Wohlbefinden.

Einzelpreis: DM 18,—
Setpreis: DM 115,—

Alle Produkte sind im Buchhandel und im Energy Video Train Verlag, Frankfurt, erhältlich.

Telefon 069/43 15 75
Fax: 069/49 50 974

Information über Kurse und Seminare:

Institut für alternative Heilmethoden
Waldschmidtstr. 113
60314 Frankfurt
Tel.: 069/49 45 72